Fred & Florence Littauer
Ich bin eben so und kann auch anders

W0062882

Fred & Florence Littauer

Ich bin eben so und kann auch anders

Aus dem Amerikanischen
von Beatrix Bode

Die Deutsche Bibliothek — CIP-Einheitsaufnahme

Littauer, Fred:
Ich bin eben so und kann auch anders / Fred und Florence Littauer.
Aus dem Amerikan. von Beatrix Bode. — Moers : Brendow, 1999
(Edition C : C ; 542)
Einheitssacht.: Why do I feel the way I do <dt.>
ISBN 3-87067-787-2

ISBN 3-87067-787-2
Edition C, C 542
© 1999 by Brendow Verlag, D-47443 Moers
Originally published in English under the title »Why do I feel the way I do«
Copyright © Fred & Florence Littauer
Published by Baker Book House, P.O. Box 6287,
Grand Rapids MI 49506 USA.
All rights reserved.
Einbandgestaltung: Kortüm + Georg, Agentur für Kommunikation, Münster
Titelfoto: Tony Stone/Peter Correz
Satz: AbSatz Typographisches Büro, Klein Nordende
Druck und Bindung: Ebner Ulm
Printed in Germany

Inhalt

Teil I

Die Suche nach einer echten Lösung

Ich habe ein Problem und
weiß nicht, was ich tun soll

»Ich weiß nicht, was ich mit mir selbst anfangen soll«, gab Anne zu, während wir bei Schokoladenkuchen um den Tisch versammelt saßen.

»Ich weiß, wie dir zumute ist«, antwortete Karen, eine hübsche blonde Sängerin, die auf der Bühne sehr selbstbewusst wirkte. Sie starrte auf die Papierserviette, die sie in kleine Vierecke faltete und meinte: »Ich hab mich schon so gut wie aufgegeben. Ich weiß einfach nicht, warum ich dauernd so deprimiert bin, und als ich am Freitag bei einem Therapeuten war, sagte er, ich müsste zwei Mal die Woche zu ihm kommen — fünf Jahre lang, und jede Sitzung würde 100 DM kosten.«

»Und dann weißt du immer noch nicht, was los ist!« bemerkte Anne. »Ich habe schon 45 000 DM für Therapien ausgegeben und bin jetzt nicht viel schlauer als am Anfang. Meine Therapeutin ist eine nette Christin, und sie hat mich über die Jahre auch beisammen gehalten, aber ich weiß immer noch nicht, was mit mir los ist.«

Wir saßen mit den letzten Teilnehmerinnen einer Wochenendfreizeit für Frauen in einem gemütlichen Freizeitheim. Diejenigen, die noch übernachten wollten, hatten keine Eile, ins Bett zu gehen. Wir hatten an dem Tag die Temperamentstypen behandelt, und der Versuch, sich selbst zu verstehen ließ einige Schranken fallen. Unsere Erklärung der Masken, die manche Menschen tragen, um ihren Schmerz zu verdecken, hatte es den Frauen ermöglicht, offen über ihre Verletzungen zu sprechen.

»Wahrscheinlich sind meine Probleme gar nicht so schlimm«, meinte Sarah, eine lebhafte Schönheit, die unsere Morgengymnastik geleitet hatte. »Ich kann nur meinen Mann nicht ertragen. Ich habe meinem Pastor davon erzählt, und er meinte nur, ich sollte über einen so guten Mann froh sein, auch wenn er langweilig sei.«

»Er hat Recht. Du kannst dich nicht beklagen.« Diese Bemerkung kam von Eva, der Trübseligsten der Gruppe. »Mein Mann ist mir davongelaufen und hat mich mit drei Kindern und ohne Geld zurückgelassen«, sagte sie.

Innerhalb weniger Minuten hatten vier Frauen ihren Schmerz auf dem Tisch ausgebreitet.

»Ich würde ja gern an mir arbeiten, wenn ich nur meinen Finger auf die Wurzel legen könnte«, sagte Karen, die hübsche Sängerin. »Wenn ich nur wüsste, woher diese Kopfschmerzen kommen und warum ich so antriebslos bin. Mein Arzt hat mir zwar ein paar Tabletten verschrieben, die helfen aber nicht.«

»Tabletten nützen langfristig nichts«, erklärte Anne. »Man fühlt sich nur kurzfristig besser. Ich weiß das, weil ich sie schon alle ausprobiert hab.«

Anne war eine depressive Melancholikerin. Sie war von der Therapie enttäuscht und hatte auch die Suche nach einem Wundermittel aufgegeben. Sie hatte das Geld aus ihrer Lebensversicherung verbraucht und schuldete der letzten Therapeutin noch einige Tausend Mark. Sie sah kein Licht mehr am Ende des Tunnels. Wenn die Jahre der Therapie keine Lösung ihrer Probleme gebracht hatten, wo sollte sie sich noch hinwenden?

»Tabletten bringen einen Mann nicht zurück«, meinte Eva und seufzte traurig.

»Und frischen auch nicht den auf, den man hat«, fügte Sarah hinzu. Sie hatte nahezu alles im Leben unter Kontrolle und war sich sicher, dass sie nur einen anderen Ehemann brauchte, um glücklich zu sein. Sie dachte nicht, dass ihr etwas fehlte, was durch andere Umstände nicht wiederhergestellt werden könnte und bedauerte die anderen, die echte Probleme hatten. Gemäß ihrer cholerischen Natur wollte sie den anderen aus der Patsche helfen, wusste aber nicht, wo sie bei dieser Gruppe beginnen sollte. Sie schaute sich am Tisch um und schüttelte mit dem Kopf.

»Ich weiß wenigstens, was mit mir los ist«, sagte Eva. »Ich bin abgelehnt worden. Ich dachte, ich wäre eine gute Ehefrau, aber mein Mann hat mich für eine andere verlassen.«

Eva hatte aufgegeben und wusste nicht mehr, wo sie sich hinwenden sollte. Als Phlegmatikerin scheute sie sich vor Entscheidungen, und obwohl ihr Mann sie und ihre Kinder schlecht behandelt hatte, hatte er doch eine bestimmte, wenn auch abartige Stabilität in ihrem Leben erhalten. Nun versank sie unter der doppelten Verantwortung zu Hause. Wann war ihre Ehe nur abgeglitten?

»Du bist wahrscheinlich coabhängig«, versicherte Sarah, obwohl sie Eva erst seit fünf Minuten kannte. Sarah hatte alle möglichen Selbsthilfe-Bücher gelesen und wusste auf alles eine Antwort.

»Alles, was ich will ist, wieder Spaß haben«, brachte Karen wehmütig hervor. »Ich hasse es, deprimiert zu sein. Wenn mein Mann erfährt, wie viel ich beim Einkaufen ausgegeben habe, nur um mich aufzumuntern, wird er sich wieder aufregen, und dann habe ich wirklich ein Problem.«

Karen war offensichtlich Sanguinikerin. Sie liebte es, im Rampenlicht zu stehen und schien glücklich zu sein — bis sie ihre Maske fallen ließ und zugab, dass sie niedergeschlagen war und unter chronischen Kopfschmerzen litt. Warum war diese eigentlich optimistische Frau so pessimistisch?

Während wir so diese wohlmeinenden, motivierten Christinnen betrachteten, denen ihr Leben es wert genug war, dass sie zu dieser Freizeit gekommen waren, wünschten wir, wir könnten ihnen etwas mitgeben, was ihren Problembereich betraf und ihnen bei der Beurteilung ihrer Symptome behilflich wäre.

In diesem Moment wandte sich Sarah an uns mit der Frage: »Habt ihr vielleicht was geschrieben, das uns helfen könnte, die Gründe für unsere Probleme zu verstehen?«

Zu unserem größten Bedauern mussten wir feststellen, dass wir kein Buch über die hier vorliegenden Problembereiche hatten: Anne, mutlos seufzend den Kopf auf die Hände gestützt; Karen äußerlich lachend, innerlich weinend; Sarah, ihren sportlichen Körper und ihre Essgewohnheiten fest im Griff, aber unglücklich verheiratet; Eva, abgelehnt und orientierungslos.

Wir schauten um den Tisch, und Anne fragte: »Habt ihr nicht *ein* Buch, das uns bei der Diagnose unserer inneren Schmerzen helfen könnte? Wenn man niedergeschlagen ist, kann man nämlich nicht viele Bücher lesen.«

Wir begannen, den Schwerpunkt unserer Bücher zu erklären, aber Sarah unterbrach uns: »Wenn ihr nicht *ein* Buch habt, das all unsere Probleme anspricht, dann müsst ihr eins schreiben. Eins mit vielen kleinen Tests zu verschiedenen Themen, sodass wir uns im Leben wieder zurecht finden können.« Sarah war hin und weg von ihrer Idee. »Ihr müsst darin mit den Temperamentstypen beginnen und dann zu ernsteren Themen übergehen.«

»Ich mag diese kleinen Tests in Zeitschriften, wo man sich selbst einschätzen kann«, bestätigte Karen.

Während wir über die Art von Tests sprachen, sagte Anne: »Hoffentlich steht dann auch was dazu drin, wie wir uns an unsere Kindheit erinnern können. Ich habe keinerlei Erinnerung mehr an die Zeit vor meinem zwölften Lebensjahr. Meine Mutter behauptet zwar, ich hätte eine glückliche Kindheit gehabt, aber warum kann ich mich dann nicht daran erinnern? Und warum ist mein Leben heute so ein Krampf?«

Eva wollte sicherstellen, dass wir auch etwas über Kommunikation in der Ehe und Misshandlung einfügen würden: »Ich hätte mich vor langer Zeit aufraffen sollen. Nun ist es zu spät.«

»Ich weiß, wie ihr das machen könnt«, sagte Sarah. Es war inzwischen *ihr* Buch geworden. »Ihr nehmt alle Tests, die ihr zu den Temperamenten, zu Ehe und emotionalen Problemen geschrieben habt und fügt sie in einem Buch zusammen. So könnten die Leser die Fragen beantworten und herausfinden, wo der Hund begraben liegt. Ihr könntet den Leuten helfen, echte Lösungen zu finden!« Sie gab zu verstehen, dass sie bei dem Projekt nur an das Wohl anderer dachte. Sie selbst würde schon zurechtkommen, meinte sie, wenn nur ihr Mann sich aufmöbeln würde.

Bis wir zu Bett gingen hatte sich der Gedanke an dieses Buch in unseren Köpfen festgesetzt und ließ uns nicht mehr los. Wir könnten den Menschen helfen, ihre Probleme zu durchdenken und ihre Bedürfnisse zu identifizieren, dann könnten wir sie auf die Spur zur richtigen Hilfe, zu einer echten Lösung führen.

1
Welcher Temperamentstyp bin ich?

Seit Jahrhunderten sind Menschen von der Selbstanalyse fasziniert. Persönlichkeitstests sind ausgesprochen beliebt, weil sich viele Menschen gar nicht sicher sind, dass sie überhaupt eine Persönlichkeit besitzen. Andere wissen zwar um ihren Temperamentstyp, sind aber mit dem, was sie haben, nicht zufrieden und wünschen sich, sie wären anders.

Seit wir über die Temperamentstypen lehren und schreiben, haben wir über die Jahre festgestellt, dass Menschen, wenn man ihnen Handwerkszeug in die Hand gibt, mit dem sie auf einfache Art und Weise ihre Stärken erkennen, sich ihren Schwächen stellen und zugeben können, dass sie daran arbeiten müssen und durchaus zur Veränderung bereit sind. Die meisten von uns arbeiten nicht an ihren Schwächen, weil sie von Menschen darauf hingewiesen worden sind, von denen sie meinen, sie sollten zunächst den Balken aus dem eigenen Auge entfernen. Kinder widerstehen den Anweisungen der Eltern; Ehepartner werden der Kritik des Partners überdrüssig; Freunde trennen sich aufgrund eines gut gemeinten Rates. Wenn wir auf diese Quellen beschränkt bleiben müssen, werden wir womöglich nie einen tieferen Blick auf uns selbst werfen.

Wenn wir daraus jedoch ein positives Erlebnis in einem objektiven Umfeld außerhalb des Familienkreises machen, greifen Menschen gern nach den angebotenen Hilfestellungen. Wir haben festgestellt, dass lebensverändernde Entscheidungen meist nicht vom Verstand, sondern eher vom Gefühl ausgehen. Eine humorvolle Darstellung der Temperamente ist auch für die, die sonst schnell den Rollladen herunterlassen, nicht bedrohlich. Unsichere Menschen bauen ihre Vorbehalte gegen Veränderung ab, wenn sie Spaß dabei haben.

Unsere Betrachtung der vier Temperamenttypen in dem Buch »Einfach Typisch!« ist einfach zu lesen und doch tiefgründig genug, um den Wunsch zur Veränderung aus dem Bauch heraus hervorzulocken. Zum Ausgang der Wirtschaftsunterredungen des US-Präsidenten Bill Clinton sagte der Journalist Roger Johnson: »Im Endeffekt werden alle Entscheidungen ›aus dem Bauch heraus‹ getroffen. Es kommt darauf an, wie man etwas wahrnimmt.«

Die ursprüngliche Aufteilung der Temperamente wurde von einem Arzt vorgenommen, der seinen Patienten helfen wollte, sich selbst zu verstehen und zu erkennen, wie die inneren Unterschiedlichkeiten ihre Gesundheit beeinflussten. Das System ist mit den Jahren verschiedentlich erweitert und umbenannt worden, aber die Grundidee ist immer dieselbe. Die Typen sind:

Der gewinnende Sanguiniker, der immer Spaß sucht.

Der gewaltige Choleriker, der alles im Griff haben will.

Der gründliche Melancholiker, der alles genau richtig machen möchte.

Der gemütliche Phlegmatiker, der Ruhe und ein stressfreies Leben sucht.

Der Taylor-Johnson-Temperamentstest und Myers-Briggs-Typenindikator, beides bewährte und verlässliche psychologische Bewertungsmethoden, bieten Erweiterungen zu den vier ursprünglichen Temperamenten. Gary Smalley und John Trent, Autoren des Buches *The Two Sides of Love* (Die zwei Seiten der Liebe) benennen die vier Grundtypen nach Tieren (Otter, Löwe, Biber und Golden Retriever); im Persönlichkeitsprofilsystem DISG werden neue Eigenschaftswörter zugeordnet; Dr. Edward de Bono hat den verschiedenen Temperamenten verschieden-

14

farbige Hüte aufgesetzt; Larry Crabb vom Institute of Biblical Counseling (Institut für biblische Seelsorge und Therapie) nennt sie Beziehungsfähigkeiten. All diese Ausdrücke bezeichnen im Großen und Ganzen das gleiche System. In der Vergleichstabelle der Temperamentstypen werden die verschiedenen Begriffe den entsprechenden Temperamenten zugeordnet.

Vergleichstabelle der Temperamentstypen[1]

Temperament:	gewinnender Sanguiniker	gewaltiger Choleriker	gründlicher Melancholiker	gemütlicher Phlegmatiker
Larry Crabb	emotional	willensstark	rational	personen-bezogen
Gary Smalley u. John Trent	Otter	Löwe	Biber	Golden Retriever
DISG Persön-lichkeits-profilsystem	initiativ	dominant	gewissenhaft	stetig
Alessandra und Cathcart	Plauderer	Direktor	Denker	Vermittler
Merrill-Reid Umgangsstile	expressiv	treibend	analytisch	freundlich
Dr. Edward de Bono	roter Hut Intuition und Gefühl	blauer Hut Kontrolle und Führung	gelber Hut logische Schlussfolge-rung	schwarzer Hut Vorsicht und Gefahr

Sozialwissenschaftler haben in den letzten 10 Jahren viel geforscht und sind übereingekommen (eine Seltenheit an sich!), dass wir grundsätzlich mit einem bestimmten Temperament geboren werden; wir nennen es das natürliche Temperament. Wir werden nicht als unbeschriebene Blätter geboren, die darauf warten, vom Leben neu beschrieben zu werden. Wir brauchen uns nur unsere Geschwister oder Kinder anzuschauen, um festzustellen, dass Menschen mit den gleichen Eltern und der gleichen Erziehung durchaus sehr unterschiedlich sein können.

Wenn wir einmal erkannt haben, dass wir mit einem fertigen Paket an Lebenshaltungen und Beziehungsfähigkeit auf die Welt kommen, sollten wir alles daran setzen, unser wahres Naturell zu ergründen, um dann unsere Stärken auszuleben und gleichzeitig an unseren Schwächen zu arbeiten. Eine andere Rolle einzunehmen, als die, für die wir geschaffen sind, ist gleichzusetzen mit einem Charakterdarsteller, der täglich auf der Bühne steht. Nach einiger Zeit sind wir völlig erschöpft und müssen uns fragen, warum.

Oswald Chambers schreibt: »Gott kann uns erst dann einsetzen, wenn wir zugelassen haben, dass er uns die unbekannten Tiefen des eigenen Wesens zeigt. Es ist verblüffend, wie wenig wir von uns selbst wissen! — Wir müssen begreifen lernen, dass wir nicht einmal uns selbst verstehen. Das ist das letzte Stückchen Stolz, das verschwinden muss.«[2]

Manchmal wünschen wir uns jemanden, der uns dabei begleiten kann. Wir suchen uns einen Seelsorger, der zumindest zuhört, oder wir fragen jemanden, den wir gerade in einem Seminar kennen gelernt haben, oder wir reden mit einem guten Freund oder einer Freundin. Oft geht es uns jedoch hinterher nicht viel besser als vorher, manchmal sogar eher schlechter, weil wir unsere innersten Fragen, unsere Zweifel und unsere Verwirrung vor einer anderen Person offen gelegt haben.

Der folgende Test zum Persönlichkeitsprofil ermöglicht uns herauszufinden, wer wir wirklich sind und dabei unsere Stärken und Schwächen klar zu erkennen. Und nicht nur das: Wir lernen auch, andere Leute besser zu verstehen.

Bestimmte Beziehungsprobleme haben uns am Vorankommen gehindert. Wir verstehen manche Leute einfach nicht, weil sie ganz anders denken als wir. Indem wir beginnen, unsere eigenen Stärken und Schwächen zu erkennen, werden wir auch verstehen lernen, warum diese schwierigen Menschen so anders sind. Es geht uns ein Licht auf: »Ach, deshalb reagiert er so. Ich dachte, er wolle mir eins auswischen.«

Aus diesen Gründen empfehlen wir, den Test zum Persönlichkeitsprofil durchzuführen. Wenn Sie »Einfach Typisch!« (Das Persönlichkeitspuzzle) gelesen haben und Ihr Persönlichkeitsprofil bereits kennen, lesen Sie auf Seite 63 weiter. Definitionen aller Begriffe finden Sie auf den Seiten 20 bis 26.

Test zum Persönlichkeitsprofil

Anweisungen: Kreuzen Sie in *jeder* der folgenden Zeilen den Begriff an, der am ehesten auf Sie zutrifft. Gehen Sie so alle 40 Zeilen durch. Stellen Sie sicher, dass in jeder Zeile ein Kreuzchen sitzt. Wenn Sie nicht sicher sind, welcher Begriff passt, schauen Sie sich die Definitionen am Ende des Tests an, oder fragen Sie Ihren Partner oder einen Freund/eine Freundin, oder überlegen Sie, was Sie *als Kind* angekreuzt hätten.

Stärken

1.	☐ abenteuerlustig	☐ anpassungsfähig	☐ lebhaft	☐ analytisch
2.	☐ ausdauernd	☐ verspielt	☐ überzeugend	☐ friedlich
3.	☐ fügsam	☐ aufopfernd	☐ gesellig	☐ willensstark
4.	☐ rücksichtsvoll	☐ beherrscht	☐ kämpferisch	☐ gewinnend
5.	☐ erfrischend	☐ respektvoll	☐ zurückhaltend	☐ einfallsreich
6.	☐ zufrieden	☐ sensibel	☐ selbstständig	☐ sprudelnd
7.	☐ vorausplanend	☐ geduldig	☐ zuversichtlich	☐ mitreißend
8.	☐ selbstsicher	☐ spontan	☐ durchorganisiert	☐ schüchtern
9.	☐ ordentlich	☐ entgegen-kommend	☐ direkt	☐ optimistisch
10.	☐ unaufdringlich	☐ treu	☐ lustig	☐ energisch
11.	☐ kühn	☐ sonnig	☐ diplomatisch	☐ gründlich
12.	☐ fröhlich	☐ beständig	☐ gebildet	☐ selbstbewusst
13.	☐ idealistisch	☐ unabhängig	☐ friedfertig	☐ motivierend
14.	☐ extravertiert	☐ entscheidungs-freudig	☐ witzig	☐ tiefsinnig
15.	☐ vermittelnd	☐ musikalisch	☐ aktiv	☐ kontaktfreudig
16.	☐ aufmerksam	☐ beharrlich	☐ mitteilsam	☐ tolerant
17.	☐ geduldig	☐ loyal	☐ vorherrschend	☐ vital
18.	☐ genügsam	☐ bestimmend	☐ tabellen-begeistert	☐ reizend
19.	☐ anspruchsvoll	☐ nett	☐ fleißig	☐ beliebt
20.	☐ quirlig	☐ mutig	☐ wohlerzogen	☐ ausgeglichen

21.	☐ farblos	☐ gehemmt	☐ prahlerisch	☐ herrisch
22.	☐ undiszipliniert	☐ verständnislos	☐ apathisch	☐ nachtragend
23.	☐ zurückgezogen	☐ unversöhnlich	☐ widerspenstig	☐ wiederholend
24.	☐ kleinlich	☐ ängstlich	☐ vergesslich	☐ unverhohlen
25.	☐ ungeduldig	☐ unsicher	☐ unentschlossen	☐ schwatzhaft
26.	☐ unbeliebt	☐ unbeteiligt	☐ unberechenbar	☐ kühl
27.	☐ dickköpfig	☐ willkürlich	☐ prätentiös	☐ zögernd
28.	☐ leidenschaftslos	☐ pessimistisch	☐ arrogant	☐ nachgiebig
29.	☐ reizbar	☐ ziellos	☐ streitsüchtig	☐ kontaktscheu
30.	☐ naiv	☐ schwarzseherisch	☐ waghalsig	☐ unbekümmert
31.	☐ sorgenvoll	☐ eigenbrötlerisch	☐ arbeitssüchtig	☐ anerkennungssüchtig
32.	☐ übersensibel	☐ taktlos	☐ zaghaft	☐ geschwätzig
33.	☐ zweifelnd	☐ chaotisch	☐ dominant	☐ depressiv
34.	☐ inkonsequent	☐ introvertiert	☐ intolerant	☐ gleichgültig
35.	☐ unordentlich	☐ launisch	☐ artikulationsfaul	☐ manipulativ
36.	☐ langsam	☐ stur	☐ wichtigtuerisch	☐ skeptisch
37.	☐ einzelgängerisch	☐ machthaberisch	☐ faul	☐ laut
38.	☐ träge	☐ misstrauisch	☐ aufbrausend	☐ zerstreut
39.	☐ rachsüchtig	☐ rastlos	☐ widerwillig	☐ unbesonnen
40.	☐ willensschwach	☐ kritisierend	☐ durchtrieben	☐ konzentrationsschwach

Übertragen Sie nun all Ihre Kreuzchen auf die entsprechenden Begriffe in der Wertungstabelle und errechnen Sie die Summen.
Dieser Test wurde entwickelt von Fred Littauer. Die Vervielfältigung (z. B. per Fotokopie) ist verboten. Abdruckanfragen sind an den deutschen Verlag zu richten.

Begriffsdefinitionen

(Angepasst von *Personality Patterns* von Lana Bateman)

Verwenden Sie diese Definitionen, um zu entscheiden, welche Begriffe im Test zum Persönlichkeitsprofil auf Sie zutreffen.

Stärken

1. abenteuerlustig   Nimmt neue und wagemutige Unternehmungen in Angriff und ist entschlossen, sie zu meistern.

   anpassungsfähig   Passt überall hin und fühlt sich in jeder Situation wohl.

   lebhaft   Voller Leben; hat ausgeprägte Gestik und Mimik.

   analytisch   Untersucht gern Details in Bezug auf ihren richtigen und logischen Zusammenhang.

2. ausdauernd   Bringt ein Projekt zu Ende, bevor er/sie ein nächstes in Angriff nimmt.

   verspielt   Immer für Spiel und Spaß zu haben.

   überzeugend   Überzeugt eher durch logische Fakten als durch Charme oder Macht.

   friedlich   Scheint gelassen und ruhig zu sein und zieht sich vor jeder Art von Zwietracht zurück.

3. fügsam   Akzeptiert sehr schnell Ansicht oder Wunsch eines anderen, ohne den eigenen Standpunkt vertreten zu müssen.

   aufopfernd   Gibt das eigene Wohl gern auf, um den Bedürfnissen anderer zu begegnen.

   gesellig   Sieht im Zusammensein mit anderen eher eine Möglichkeit, reizend und unterhaltsam zu sein, als eine Herausforderung oder geschäftliche Gelegenheit.

   willensstark   Wird auf jeden Fall seinen Willen durchsetzen.

4. rücksichtsvoll   Nimmt Rücksicht auf die Bedürfnisse und Gefühle anderer.

   beherrscht   Hat zwar Gefühle, zeigt sie jedoch selten.

   kämpferisch   Macht aus jedem Erlebnis oder Spiel einen Wettkampf und spielt immer um den Sieg.

   gewinnend   Überzeugt schier durch den Charme seiner Persönlichkeit.

5. erfrischend   Belebt und regt andere an; andere fühlen sich bei ihm/ihr wohl.

   respektvoll   Behandelt andere mit Achtung, Rücksicht und Anerkennung.

   zurückhaltend   Drückt Gefühle und Begeisterung eher verhalten aus.

   einfallsreich   Kann in praktisch jeder Situation schnell und effektiv reagieren.

6.	zufrieden	Findet sich leicht mit einer Situation oder Begebenheit ab.
	sensibel	Nimmt Anteil an Ereignissen und dem Befinden anderer.
	selbstständig	Vertraut vollkommen auf die eigenen Fähigkeiten und die eigene Urteilskraft.
	sprudelnd	Voller Leben und Aufregung.
7.	vorausplanend	Erarbeitet gern einen ausführlichen Plan vor der Durchführung eines Projektes und ist lieber mit der Vorbereitung und der Auswertung beschäftigt als mit der Durchführung selbst.
	geduldig	Unberührt von Verspätungen, bleibt ruhig und verständnisvoll.
	zuversichtlich	Weiß, dass alles gut gehen wird, solange er/sie das Sagen hat.
	mitreißend	Bewegt andere durch Charme dazu weiterzugehen, mitzumachen oder sich einzusetzen.
8.	selbstsicher	Zögert oder schwankt selten.
	spontan	Handelt am liebsten impulsiv und unvorbereitet, plant ungern voraus.
	durchorganisiert	Hat einen täglichen Plan, nach dem er/sie lebt; wird ungern im geregelten Tagesablauf gestört.
	schüchtern	Still, regt nicht gleich ein Gespräch an.
9.	ordentlich	Ordnet die Dinge methodisch und systematisch.
	entgegen-kommend	Zuvorkommend, lässt sich schnell auf die Verfahrensweise eines anderen ein.
	direkt	Spricht Dinge direkt und ohne Umschweife aus.
	optimistisch	Hat eine heitere Gemütsverfassung und überzeugt sich und andere davon, dass alles gut wird.
10.	unaufdringlich	Eher reagierend als agierend, beginnt selten ein Gespräch von sich aus.
	treu	Verlässlich, beständig, loyal und hingegeben, zuweilen über ein vernünftiges Maß hinaus.
	lustig	Hat einen ausgeprägten Sinn für Humor, mit dem jede Begebenheit zu einer Volksbelustigung wird.
	energisch	Forsch, andere überlegen es sich zweimal, bevor sie sich ihm/ihr widersetzen.
11	kühn	Bereit, Risiken einzugehen, mutig.
	sonnig	Beschwingt, ein angenehmer Zeitgenosse.
	diplomatisch	Geht taktvoll, sensibel und geduldig mit anderen um.
	gründlich	Tut alles in der richtigen Reihenfolge und mit einem klaren Überblick über alles bereits Geschehene.
12.	fröhlich	Immer frohen Mutes, weckt den Frohsinn in anderen.
	beständig	Emotional ausgeglichen, reagiert erwartungsgemäß.

	gebildet	Intellektuell und künstlerisch interessiert, z. B. an Theater, klassischer Musik, Ballett.
	selbstbewusst	Ist sich seiner Fähigkeiten und seines Erfolges sicher.
13.	idealistisch	Hat eine Vorstellung von den Dingen in ihrer perfekten Form und möchte dem gerecht werden.
	unabhängig	Eigenständig, eigenverantwortlich, selbstbewusst, scheint nicht auf fremde Hilfe angewiesen zu sein.
	friedfertig	Ist nie kränkend und verursacht nie eine Auseinandersetzung.
	motivierend	Ermutigt andere zur Arbeit und zum Mitmachen, macht aus allem ein Vergnügen.
14.	extravertiert	Zeigt Gefühle, insbesondere Zuneigung, offen und scheut sich nicht, andere im Gespräch zu berühren.
	entscheidungs-freudig	Hat ein präzises Urteilsvermögen und zieht schnell seine/ihre Schlüsse.
	witzig	Hat einen trockenen Humor, der auch sarkastisch werden kann.
	tiefsinnig	Tiefgründig und oft nachdenklich, hat eine Abscheu gegen Oberflächliches.
15.	vermittelnd	Versucht ständig, Unterschiede zu vereinen, um Konflikte zu vermeiden.
	musikalisch	Ist musikalisch tätig oder empfindet eine tiefe Verbundenheit zur Musik als Kunst, nicht als Zeitvertreib.
	aktiv	Immer produktiv; ein Führer, dem andere folgen; kann nicht still sitzen.
	kontaktfreudig	liebt Feste, wechselt mit allen gern ein Wort, trifft Freunde überall.
16.	aufmerksam	Rücksichtsvoll und großzügig mit netten Gesten, erinnert sich an besondere Gelegenheiten.
	beharrlich	Hält hartnäckig an einer Sache fest, bis das Ziel erreicht ist.
	mitteilsam	Redselig, erzählt meistens lustige Geschichten zur Unterhaltung der anderen, hat das Bedürfnis, eine »peinliche« Stille zu überbrücken.
	tolerant	Akzeptiert die Meinung anderer leicht, ohne widersprechen oder sie überzeugen zu müssen.
17.	verständnisvoll	Hat immer ein offenes Ohr für die Belange anderer.
	loyal	Einer Person, einer Arbeitsstelle oder einem Ideal treu, zuweilen mehr als vernünftig.
	vorherrschend	Der geborene Leiter, der immer das Sagen hat und oft übersieht, dass auch ein anderer die Position füllen könnte.
	vital	Voller Leben und Energie.
18.	genügsam	Zufrieden mit dem Vorhandenen, selten neidisch.
	bestimmend	Übernimmt die Führung und erwartet Folgsamkeit von anderen.

	tabellen-begeistert	Organisiert das Leben und löst Probleme mit Hilfe von Listen, Tabellen und Diagrammen.
	reizend	entzückend und liebenswert, immer im Zentrum der Aufmerksamkeit.
19.	anspruchsvoll	Setzt an sich selbst und oft an andere hohe Maßstäbe an und wünscht sich, dass die Dinge immer in der richtigen Reihenfolge geschehen.
	nett	Ungezwungen; angenehme Gesellschaft, findet mit jedem ein Gesprächsthema.
	fleißig	Ist immer beschäftigt, findet nur schwer zur Ruhe.
	beliebt	Belebt jedes Fest und ist daher immer gern gesehen.
20.	quirlig	Besitzt übersprudelnde Energie.
	mutig	Furchtlos, kühn, vorwärts gerichtet, scheut nicht das Risiko.
	wohlerzogen	Benimmt sich immer anständig.
	ausgeglichen	Gleichmütig, ohne große Hochs oder Tiefs.

Schwächen

21.	farblos	Zeigt wenig Mimik oder Emotionen.
	gehemmt	Befangen, vermeidet es, Aufmerksamkeit auf sich zu ziehen.
	prahlerisch	Wichtigtuerisch und protzig; wirkt laut.
	herrisch	Gebieterisch und dominant, in Beziehungen zuweilen anmaßend.
22.	undiszipliniert	Unordentlich in nahezu allen Lebensbereichen.
	verständnislos	Hat wenig Mitgefühl für Probleme und Leiden anderer.
	apathisch	Kann sich schwer begeistern und hat oft das Gefühl, es funktioniert sowieso nicht.
	nachtragend	Hat Schwierigkeiten, andere aus einem Vorwurf zu entlassen, erinnert sich lang an geschehenes Unrecht.
23.	zurückgezogen	Unwillig, hält sich aus den Dingen raus.
	unversöhnlich	Oft verbittert aufgrund von wirklichen oder eingebildeten Beleidigungen.
	widerspenstig	Sträubt sich gegen jeden anderen Weg als den eigenen.
	wiederholend	Wiederholt Geschichten, um andere zu unterhalten, ohne sich bewusst zu sein, dass er sie schon mehrmals erzählt hat; hat immer etwas zu sagen.
24.	kleinlich	Nimmt kleine Details sehr wichtig und hält sich und andere damit auf.
	ängstlich	Empfindet oft Sorge, hegt Befürchtungen und Bedenken.
	vergesslich	Vergisst Dinge, weil er/sie kein Merksystem hat und alles, was nicht Vergnügen ist, nicht hängen bleibt.

	unverhohlen	Freimütig, sagt anderen ohne Umschweife genau, was er/sie denkt.
25.	ungeduldig	Kann nur schwer auf andere warten oder eine Störung dulden.
	unsicher	Befangen, hat wenig Selbstbewusstsein.
	unentschlossen	Hat große Schwierigkeiten, Entscheidungen zu treffen.
	schwatzhaft	Redet lieber als er/sie zuhört, fällt anderen ins Wort.
26.	unbeliebt	Vertreibt andere durch hohe Ansprüche.
	unbeteiligt	Will anderen nicht zuhören oder an ihrem Leben teilhaben, zeigt kein Interesse für Vereine, Versammlungen oder öffentliches Leben.
	unberechenbar	Mal himmelhochjauchzend, mal zu Tode betrübt; sagt Hilfe zu, verschwindet dann aber; kündigt sich an, vergisst aber zu kommen.
	kühl	Kann Zärtlichkeit und Zuneigung nicht offen zeigen.
27.	dickköpfig	Will den eigenen Willen durchsetzen.
	willkürlich	Hat keine besondere Methode für bestimmte Dinge.
	prätentiös	Hat so hohe Maßstäbe, dass es schwer ist, es ihr/ihm recht zu machen.
	zögernd	Wartet erst mal ab, schwer zu motivieren.
28.	leidenschaftslos	Gefühlskalt, ohne Hochs und Tiefs, zeigt wenig Emotionen, wenn überhaupt.
	pessimistisch	Sieht immer zuerst die Schwierigkeiten, auch wenn er/sie auf das Beste hofft.
	arrogant	Von sich selbst eingenommen und rechthaberisch, überzeugt, dass er/sie den Job am besten erledigen kann.
	nachgiebig	Gewährt anderen (auch Kindern) ihren Willen, nur um nicht in Ungnade zu fallen.
29.	reizbar	Geht in Sekundenschnelle die Wände hoch, hat den Sturm jedoch im nächsten Moment wieder vergessen.
	ziellos	Setzt sich keine Ziele und will es auch nicht.
	streitsüchtig	Streitet, weil er/sie davon überzeugt ist, im Recht zu sein, ungeachtet der Situation.
	kontaktscheu	Fühlt sich leicht entfremdet, oft weil er/sie sich unsicher ist, ob andere seine/ihre Gegenwart begrüßen.
30.	naiv	Kindlich einfältig, begreift die Tiefen und Tücken des Lebens nicht.
	schwarz-seherisch	Sieht selten das Positive, sondern eher das Negative in jeder Situation.
	waghalsig	draufgängerisch, forsch und furchtlos, sucht das Risiko.
	unbekümmert	Lässig, sorglos, gleichgültig.
31.	sorgenvoll	Ständig besorgt, ängstlich oder bekümmert.
	eigenbrötlerisch	Zieht sich zurück und braucht viel Zeit für sich allein.

	arbeitssüchtig	Setzt herausfordernde Ziele und muss ständig sinnvoll tätig sein, hat ein schlechtes Gewissen, wenn er/sie sich ausruht; wird nicht von hohen Maßstäben, sondern von dem Wunsch getrieben, etwas zu erreichen.
	anerkennungs-süchtig	Lechzt nach Anerkennung; als Entertainer lebt er/sie im Applaus, im Lachen, in der Gunst des Publikums auf.
32.	übersensibel	Dreht sich um sich selbst und ist bei Missverständnissen schnell beleidigt.
	taktlos	Tritt zuweilen unbeschwert ins Fettnäpfchen.
	zaghaft	Schreckt vor schwierigen Situationen zurück.
	geschwätzig	Unterhält andere immerzu und kann schwer selbst zuhören.
33.	zweifelnd	Geprägt von Zweifeln, ob denn alles gut gehen wird.
	chaotisch	Unfähig, das Leben in den Griff zu bekommen.
	dominant	Nimmt unweigerlich die Situation in die Hand, sagt anderen meist, was sie zu tun haben.
	depressiv	Fühlt sich oft niedergeschlagen.
34.	inkonsequent	Launenhaft und widersprüchlich, Taten und Gefühle sind nicht logisch.
	introvertiert	Nach innen gerichtet in Gedanken, Interessen und Taten.
	intolerant	Scheinbar unfähig, die Meinung oder Handlungsweise eines anderen stehen zu lassen oder zu akzeptieren.
	gleichgültig	Ob so oder so ist ihm/ihr meistens gleich.
35.	unordentlich	Lebt in großer Unordnung, findet nie etwas.
	launisch	Ist nicht sehr begeisterungsfähig, fällt aber schnell in ein Tief, insbesondere wenn er/sie sich nicht angenommen fühlt.
	artikulationsfaul	Bemüht sich nicht um klare Aussprache; nuschelt, wenn er/sie unter Druck gesetzt wird.
	manipulativ	Listig und verschlagen in der Beeinflussung anderer, sodass er/sie am Ende doch seinen/ihren Willen bekommt.
36.	langsam	Denkt und handelt nicht schnell, das ist ein zu großer Aufwand.
	stur	Will unbedingt den eigenen Willen durchsetzen, nicht leicht zu überzeugen.
	wichtigtuerisch	Muss immer im Mittelpunkt stehen und will beachtet werden.
	skeptisch	Misstrauisch, stellt die Motivation hinter den Worten in Frage.
37.	einzelgängerisch	Verbringt viel Zeit allein und geht anderen aus dem Weg.
	machthaberisch	Lässt andere schnell wissen, dass er/sie recht oder alles unter Kontrolle hat.
	faul	Bewertet eine Arbeit oder sonstige Tätigkeit nach dem nötigen Energieaufwand.
	laut	Kann durch die Lache oder Stimme aus einer Gruppe heraus gehört werden.

38.	träge	Braucht einen Anstoß, um sich aufzuraffen.
	misstrauisch	Neigt dazu, Menschen und ihre Ideen zu verdächtigen oder ihnen zu misstrauen.
	aufbrausend	Wird leicht ungeduldig und zornig, insbesondere wenn andere sich nicht schnell genug regen oder eine ihnen übertragene Aufgabe nicht erfüllt haben.
	zerstreut	Flatterhaft; kann sich nicht gut auf eine Sache konzentrieren.
39.	rachsüchtig	Bewusst oder unbewusst nachtragend, straft den anderen, oft durch subtile Vorenthaltung von Zärtlichkeit oder Freundschaft.
	rastlos	Braucht immer neue Beschäftigungen, weil es langweilig ist, immer dasselbe zu tun.
	widerwillig	Sträubt sich dagegen, involviert zu werden.
	unbesonnen	Handelt zuweilen vorschnell und ohne Überlegung, gewöhnlich aus Ungeduld
40.	willensschwach	Gibt die eigene Position schnell auf, auch wenn er/sie im Recht ist, nur um einen Konflikt zu vermeiden.
	kritisierend	Be- und verurteilt schnell.
	durchtrieben	Verschlagen, findet immer einen Weg zum gewünschten Ergebnis.
	konzentrationsschwach	Hat eine kindlich kurze Aufmerksamkeitsspanne und braucht viel Abwechslung, um nicht gelangweilt zu werden.

Testauswertung

Übertragen Sie nun Ihre Kreuzchen auf die Wertungstabelle. Haben Sie im Test beispielsweise *abenteuerlustig* angekreuzt, kreuzen Sie auch in der Wertungstabelle *abenteuerlustig* an.
Zählen Sie dann die Kreuzchen zusammen und tragen Sie die Summen in die Summenzeilen ein.

gewinnender Sanguiniker	gewaltiger Choleriker	gründlicher Melancholiker	gemütlicher Phlegmatiker
1. ☐ lebhaft	☐ abenteuerlustig	☐ analytisch	☐ anpassungs-fähig
2. ☐ verspielt	☐ überzeugend	☐ ausdauernd	☐ friedlich
3. ☐ gesellig	☐ willensstark	☐ aufopfernd	☐ fügsam
4. ☐ gewinnend	☐ kämpferisch	☐ rücksichtsvoll	☐ beherrscht
5. ☐ erfrischend	☐ einfallsreich	☐ respektvoll	☐ zurückhaltend
6. ☐ sprudelnd	☐ selbstständig	☐ sensibel	☐ zufrieden
7. ☐ mitreißend	☐ zuversichtlich	☐ vorausplanend	☐ geduldig
8. ☐ spontan	☐ selbstsicher	☐ durchorganisiert	☐ schüchtern
9. ☐ optimistisch	☐ direkt	☐ ordentlich	☐ entgegen-kommend
10. ☐ lustig	☐ energisch	☐ treu	☐ unaufdringlich
11. ☐ sonnig	☐ kühn	☐ gründlich	☐ diplomatisch
12. ☐ fröhlich	☐ selbstbewusst	☐ gebildet	☐ beständig
13. ☐ motivierend	☐ unabhängig	☐ idealistisch	☐ friedfertig
14. ☐ extravertiert	☐ entscheidungs-freudig	☐ tiefsinnig	☐ witzig
15. ☐ kontaktfreudig	☐ aktiv	☐ musikalisch	☐ vermittelnd
16. ☐ mitteilsam	☐ beharrlich	☐ aufmerksam	☐ tolerant
17. ☐ vital	☐ vorherrschend	☐ loyal	☐ geduldig
18. ☐ reizend	☐ bestimmend	☐ tabellen-begeistert	☐ genügsam
19. ☐ beliebt	☐ fleißig	☐ anspruchsvoll	☐ nett
20. ☐ quirlig	☐ mutig	☐ wohlerzogen	☐ ausgeglichen

Summe

_____   _____   _____   _____

Schwächen

21.	☐ prahlerisch	☐ herrisch	☐ gehemmt	☐ farblos
22.	☐ undiszipliniert	☐ verständnislos	☐ nachtragend	☐ apathisch
23.	☐ wiederholend	☐ widerspenstig	☐ unversöhnlich	☐ zurückgezogen
24.	☐ vergesslich	☐ unverhohlen	☐ kleinlich	☐ ängstlich
25.	☐ schwatzhaft	☐ ungeduldig	☐ unsicher	☐ unentschlossen
26.	☐ unberechenbar	☐ kühl	☐ unbeliebt	☐ unbeteiligt
27.	☐ willkürlich	☐ dickköpfig	☐ prätentiös	☐ zögernd
28.	☐ nachgiebig	☐ arrogant	☐ pessimistisch	☐ leidenschaftslos
29.	☐ reizbar	☐ streitsüchtig	☐ kontaktscheu	☐ ziellos
30.	☐ naiv	☐ waghalsig	☐ schwarz-seherisch	☐ unbekümmert
31.	☐ anerkennungs-süchtig	☐ arbeitssüchtig	☐ eigen-brötlerisch	☐ sorgenvoll
32.	☐ geschwätzig	☐ taktlos	☐ übersensibel	☐ zaghaft
33.	☐ chaotisch	☐ dominant	☐ depressiv	☐ zweifelnd
34.	☐ inkonsequent	☐ intolerant	☐ introvertiert	☐ gleichgültig
35.	☐ unordentlich	☐ manipulativ	☐ launisch	☐ artikulationsfaul
36.	☐ wichtigtuerisch	☐ stur	☐ skeptisch	☐ langsam
37.	☐ laut	☐ machthaberisch	☐ einzelgängerisch	☐ faul
38.	☐ zerstreut	☐ aufbrausend	☐ misstrauisch	☐ träge
39.	☐ rastlos	☐ unbesonnen	☐ rachsüchtig	☐ widerwillig
40.	☐ konzentrations-schwach	☐ durchtrieben	☐ kritisierend	☐ willensschwach

Summe

——————   ——————   ——————   ——————

Gesamtsumme

——————   ——————   ——————   ——————

Der Vergleich der Stärken und Schwächen der Temperamentstypen in der folgenden Tabelle zeigt, wie die typischen Stärken und Schwächen sich emotional, im Umgang mit Freunden und bei der Arbeit auswirken.

Vergleich der Stärken und Schwächen der Temperamentstypen

Stärken			
gewinnender Sanguiniker	gewaltiger Choleriker	gründlicher Melancholiker	gemütlicher Phlegmatiker
GEFÜHLE			
ansprechende Persönlichkeit	geborener Leiter	tiefsinnig und nachdenklich	unaufdringliche Persönlichkeit
mitteilsam, Geschichten- erzähler	dynamisch und aktiv	analysiert gern	unbekümmert und gelassen
bringt Leben in jedes Fest	muss Dinge verändern	ernst und zweck- orientiert	ruhig und ausgeglichen
Sinn für Humor	muss Fehler korrigieren	potentielles Genie	geduldig und beherrscht
gutes Farbgedächtnis	willensstark und entschlossen	talentiert und kreativ	lebt in Beständigkeit
hält sich buchstäblich am Zuhörer fest	kopfgesteuert	künstlerisch oder musikalisch begabt	still aber geistreich
gefühlsbetont und extravertiert	nicht schnell entmutigt	philosophisch und poetisch	mitfühlend und freundlich
begeisterungsfähig und expressiv	unabhängig und eigenständig	Sinn für Ästhetik	verbirgt Gefühle
fröhlich und überschäumend	strahlt Zuversicht aus	sensibel für andere	zufrieden mit dem Leben
neugierig	kann alles in die Hand nehmen	aufopfernd	Mensch für alle Fälle
Schauspieltalent		gewissenhaft	
		idealistisch	

Stärken			
gewinnender Sanguiniker	gewaltiger Choleriker	gründlicher Melancholiker	gemütlicher Phlegmatiker

GEFÜHLE

große unschuldige Kulleraugen lebt im hier und jetzt ablenkbar aufrichtig kindlich			

ARBEIT

meldet sich freiwillig denkt sich neue Aktivitäten aus macht eine gute Figur kreativ und farbenfroh dynamisch und enthusiastisch beginnt mit viel Elan beflügelt andere zur Arbeit motiviert andere	zielstrebig behält den Überblick organisiert gut sucht praktikable Lösungen handelt schnell kann delegieren besteht auf Produktivität erreicht das Ziel regt Taten an blüht bei Widerstand auf	planorientiert perfektionistisch, anspruchsvoll detailbewusst ausdauernd und gründlich ordentlich und durchorganisiert sorgfältig und sauber denkt wirtschaftlich problembewusst findet kreative Lösungen muss Begonnenes zu Ende bringen liebt Listen, Zahlen, Tabellen und Diagramme	kompetent und stetig friedlich und nett hat fördernde Fähigkeiten vermittelt bei Problemen vermeidet Konflikte arbeitet gut unter Druck »warum kompliziert, wenn's auch einfach geht?«

Stärken			
gewinnender Sanguiniker	gewaltiger Choleriker	gründlicher Melancholiker	gemütlicher Phlegmatiker

FREUNDE

gewinnt schnell Freunde	braucht wenig Freunde	schließt zaghaft Freundschaften	unkompliziert
liebt Menschen	sorgt für Gruppen- aktivität	bleibt gern im	nett und freundlich
blüht durch	führt und organisiert	Hintergrund	friedfertig
Komplimente auf	hat meistens recht	vermeidet Aufsehen	guter Zuhörer
strahlt Unterneh-	brilliert in Notfällen	treu und ergeben	trockener Humor
mungslust aus		andere schütten ihr	beobachtet gern
von anderen beneidet		Herz bei ihm aus	Menschen
nicht nachtragend		kann Probleme	hat viele Freunde
entschuldigt sich		anderer lösen	zeigt Mitgefühl und
schnell		tiefes Mitgefühl für	Interesse
kennt keine		andere	
Langeweile		zu Tränen gerührt	
liebt spontane		durch Mitleid	
Aktionen		sucht nach dem	
		idealen Partner	

Schwächen

gewinnender Sanguiniker	gewaltiger Choleriker	gründlicher Melancholiker	gemütlicher Phlegmatiker
GEFÜHLE			
redet ständig	kommandiert herum	erinnert sich an das	nicht begeisterungsfähig
übertreibt maßlos	ungeduldig	Negative	ängstlich und sorgenvoll
hält sich an	aufbrausend	launisch und depressiv	unentschlossen
Trivialitäten auf	kommt nicht zur Ruhe	genießt es, beleidigt	meidet Verantwortung
vergisst Namen	zu impulsiv	zu sein	ein stiller Dickkopf
stößt andere vor den	genießt Widerspruch	zeigt falsche Beschei-	egoistisch
Kopf	und Streit	denheit	befangen und
für manche zu fröhlich	gibt nicht auf, auch	innerlich abwesend	verschlossen
hat endlose Energie	wenn er verliert	geringes	zu nachgiebig
selbstsüchtig	wirkt ungestüm	Selbstwertgefühl	selbstgerecht
aufbrausend und	unflexibel	hört selektiv	
anklagend	setzt sich über die	egozentrisch	
naiv, lässt sich über	Etikette hinweg	zu introvertiert	
den Tisch ziehen	verachtet Tränen und	von Schuldgefühlen	
laute Stimme, lautes	Gefühle	geplagt	
Lachen	unbarmherzig	hat Verfolgungswahn	
wird von den		neigt zu Hypochondrie	
Umständen regiert			
schnell verärgert			
wirkt zuweilen			
unnatürlich			
wird nie erwachsen			

Schwächen

gewinnender Sanguiniker	gewaltiger Choleriker	gründlicher Melancholiker	gemütlicher Phlegmatiker

ARBEIT

gewinnender Sanguiniker	gewaltiger Choleriker	gründlicher Melancholiker	gemütlicher Phlegmatiker
redet lieber	wenig Verständnis für	nicht personenbezogen	nicht zielorientiert
vergisst	Fehler	enttäuscht wegen	wenig Eigeninitiative
Verpflichtungen	lässt Details	Unvollkommenheit	schwer zu motivieren
führt Dinge nicht zu	unbeachtet	sucht sich komplizierte	mag nicht gedrängelt
Ende	von Kleinigkeiten	Tätigkeiten	werden
gibt schnell auf	gelangweilt	zögert vor neuen	faul und nachlässig
undiszipliniert	neigt zu voreiligen	Aufgaben	entmutigt andere
setzt falsche	Entscheidungen	plant zu lange	schaut lieber zu
Prioritäten	kann kränkend und	zieht die Analyse der	
entscheidet »aus dem	taktlos sein	Arbeit vor	
Bauch heraus«	manipuliert andere	selbstverurteilend	
lässt sich leicht	fordert viel von	prätentiös	
ablenken	anderen	oft zu anspruchsvoll	
verschwendet Zeit	»der Zweck heiligt die	tiefes Bedürfnis nach	
durch Reden	Mittel«	Anerkennung	
	Arbeit kann zum		
	Götzen werden		
	verlangt Loyalität von		
	Mitarbeitern		

33

Schwächen			
gewinnender Sanguiniker	gewaltiger Choleriker	gründlicher Melancholiker	gemütlicher Phlegmatiker
FREUNDE			
nicht gern allein	neigt dazu, Menschen	unsicher mit anderen	dämpft Begeisterung
muss im Mittelpunkt	auszunutzen	zurückgezogen und	bleibt unbeteiligt
stehen	dominiert andere	unzugänglich	uninteressant
möchte beliebt sein	entscheidet für andere	kritisiert andere	Vorhaben gegenüber
sucht Anerkennung	mit	verwehrt Zärtlichkeit	gleichgültig
dominiert die	besserwisserisch	verachtet Widerstand	urteilt hart über andere
Unterhaltung	kann alles besser	misstrauisch	sarkastisch und hänselnd
unterbricht und hört	zu unabhängig	feindselig und	widersteht
nicht zu	eifersüchtig	rachsüchtig	Veränderungen
antwortet für andere	kann sich nicht	unversöhnlich	
unbeständig und	entschuldigen	voller Widersprüche	
vergesslich	hat vielleicht recht, ist	misstrauisch gegenüber	
hat immer eine	aber unbeliebt	Komplimenten	
Ausrede			
wiederholt Geschichten			

In den Tabellen sehen Sie, dass wir den vier Temperamentstypen jeweils ein beschreibendes Adjektiv zugeordnet haben: gewinnender Sanguiniker, gewaltiger Choleriker, gründlicher Melancholiker und gemütlicher Phlegmatiker. Diese Beschreibungen sind oft hilfreich, um sich die jeweiligen Charakteristika der Temperamentstypen zu merken. Und obwohl wir einige dieser Charakteristika Stärken nennen, ist es wichtig zu verstehen, dass diese Stärken zu Schwächen oder gar zu Zwängen werden können, wenn sie zu weit getrieben werden. Dies wird in der Tabelle »Zu weit getriebene Stärken« deutlich.

Zu weit getriebene Stärken

natürliche Stärken	zu weit getriebene Stärken	Zwänge
GEWINNENDER SANGUINIKER		
magnetisch wirkende Persönlichkeit	abhängig von Charme und Witz	kann Hochstapler oder Bigamist werden
unterhaltender Geschichten- erzähler	redet ununterbrochen	fühlt sich nur sicher, wenn er/sie redet
liebt Einkaufen	kauft sinnlos ein	verschuldet sich im Kaufrausch
liebt Feste	zu laut, zu wild	macht sich lächerlich, lebt von einem Fest zum anderen
GEWALTIGER CHOLERIKER		
geborener Leiter	verärgert, wenn andere nicht spuren	herrschsüchtig
entschlossen	entscheidet für alle	manipuliert zum eigenen Vorteil
schnell und aktiv	handelt vorschnell	wird unbesonnen
liebt Arbeit	arbeitet mehr als normal	wird arbeitssüchtig
GRÜNDLICHER MELANCHOLIKER		
planorientiert	kann nicht ohne Plan agieren	auf Pünktlichkeit versessen
kennt gesundheitliche Zusammenhänge	ständig mit seinem/ihrem Körper beschäftigt	kann zum Hypochonder werden
adrett und akkurat gekleidet	verlässt das Haus nicht, bis alles perfekt sitzt	Waschzwang; ständig besorgt um sein/ihr Aussehen
möchte, dass alles in Ordnung ist	verlangt Vollkommenheit von anderen	nörgelt und kritisiert ständig

natürliche Stärken	zu weit getriebene Stärken	Zwänge
GEMÜTLICHER PHLEGMATIKER		
keine großen Gefühls- ausbrüche	hält Gefühlsausdruck zurück	unterdrückt alle Gefühle
anspruchslos	überlässt anderen die Entscheidung	wird entscheidungsunfähig
kooperativ	lässt im Anspruch nach	verkommt zu einer bloßen Schachfigur für andere
geringe Eigeninitiative	wird faul und nachlässig	rührt sich nicht mehr

Anhand der höchsten Summe in der Gesamtsummenzeile der Testauswertung stellen Sie Ihr Ergebnis fest. Sollten Sie das Ergebnis als nicht zutreffend empfinden, könnten folgende Faktoren Ihr Ergebnis verfälscht haben:

1. Sie haben den Test nicht richtig durchgeführt. Sie sollten in jeder der 40 Zeilen (20 Stärken, 20 Schwächen) ein Kreuzchen platzieren. Es kommt vor, dass Leute in einer Zeile entweder kein oder mehrere Kreuzchen setzen, oder gar nur eins in jeder senkrechten Spalte statt in jeder waagerechten Zeile.

2. Sie haben Ihre Kreuzchen falsch übertragen. Sie haben beispielsweise, statt dasselbe Wort anzukreuzen, welches sich in der Wertungstabelle in einer anderen Spalte befindet, dieselbe Position und damit ein anderes Wort angekreuzt.

3. Sie haben sich selbst so beurteilt, wie Sie gern sein wollen, wie andere es von Ihnen wünschen oder wie »man« sein sollte, statt wie Sie wirklich sind.

4. Sie sind sich über Ihren eigenen Charakter unsicher und brauchen bei der Auswertung des Ergebnisses Hilfe.

Eine Erklärung der Ergebnisse wird Ihnen Klarheit über die Auswertung verschaffen und jedem, der den Test gemacht hat, wird an einer korrekten Auslegung der Ergebnisse gelegen sein.

Auswertung des Persönlichkeitsprofils

Ein Temperamentstyp überwiegt

Wenn ein Temperament eine sehr hohe Summe aufweist, z. B. 36 bei Choleriker, dann brauchen Sie sich um die anderen Summen nicht zu kümmern – sie werden nur wenig Einfluss auf Ihr Verhalten haben.

Der ausgeprägte Choleriker, beispielsweise, ist ein verantwortungsvoller Mitarbeiter, aber etwas zu bestimmend in Beziehungen. Der typische Sanguiniker ist ein hervorragender Unterhalter, hat aber nur wenig Durchhaltevermögen. Der reinrassige Melancholiker macht alles gründlich, ist aber oft launisch, deprimiert und nörgelig. Der extreme Phlegmatiker kann so gelassen und unaufdringlich sein, dass man sich fragt, ob er denn noch da ist. Eine Frau beschrieb ihren Mann als »so phlegmatisch, dass er nur etwas beweglicher als ein Möbelstück ist«. Eine andere meinte: »Als wir geheiratet haben, wurden mein Mann und das Sofa eins.«

Zwei Temperamente kombiniert

Die meisten Menschen vereinigen zwei Temperamente in sich, wobei eins davon dominiert und das andere zweitrangig ist. Dabei ist die Zusammensetzung sehr unterschiedlich. So wird jemand, der 32 cholerische und acht melancholische Punkte hat, ein ausgeprägter Choleriker mit einigen melancholischen Zügen sein.

Es ist jedoch durchaus möglich, dass die Summen sich gleichmäßiger über zwei Spalten verteilen. Ein oder zwei Kreuzchen in den beiden anderen Spalten können meist ignoriert werden. Bei allen solchen Tests muss mit einer Fehlerquote von ca. zehn Prozent gerechnet werden, da die Begriffe immer subjektiv interpretiert werden.

Ein normales, gesundes Muster weist gewöhnlich ein ähnliches Summenergebnis jeweils für die Stärken und Schwächen in einer Spalte auf. Es kann jedoch vorkommen, dass eine Person im

Ergebnis lauter sanguinische Stärken, aber cholerische Schwächen zeigt. Das ist nicht beunruhigend, Sie können aber den Test nochmals durchgehen und ein zweites Kreuzchen in jeder Zeile platzieren. In der Summe kommen dann 80 Kreuzchen statt 40 heraus, und Sie werden vermutlich feststellen, dass die Stärken und Schwächen dann relativ gleichmäßig verteilt sind.

Die gängigsten Muster
Natürliche Kombinationen zweier Temperamente sind:

Sanguiniker/Choleriker   Choleriker/Melancholiker
Phlegmatiker/Sanguiniker   Melancholiker/Phlegmatiker

Der Sanguiniker/Choleriker ist ein Mensch, der gern Spaß hat während er die Arbeit erledigt. Diese Menschen haben die besten Voraussetzungen für Leitungs- und Verhandlungspositionen. Sie fühlen sich unter Menschen wohl und können andere zur Arbeit motivieren, indem sie aus allem ein Vergnügen machen.

Der Choleriker/Melancholiker ist ein Mensch, der alles perfekt auf seine eigene Weise erledigt haben möchte. Er ist zielorientiert, kann gut organisieren und fordert relativ viel von anderen. Er brilliert in Managementpositionen, wo Initiative und Präzision gefragt sind.

Der Melancholiker/Phlegmatiker hat zwar einen hohen Anspruch, möchte aber jeden Konflikt vermeiden. Er fragt sich ständig: »Verletze ich jemanden, wenn ich jetzt auf dem Richtigen bestehe?« Er ist hervorragend in Vermittlung und Personalangelegenheiten, wo gerechte Diskussion und Zuspruch vonnöten sind.

Der Phlegmatiker/Sanguiniker ist von allen am ehesten unbekümmert und vergnügt. Er ist nicht ausgesprochen aktiv und macht sich keine Gedanken, wenn nicht alles rechtzeitig geschieht. Mit seiner gelassenen, freundlichen Art ist er viel geliebt und sanftmütig. Er hat die beste Beziehungsfähigkeit, sollte aber nicht in finanzielle Details einbezogen werden.

Unnatürliche Kombinationen

Schauen wir uns nun Persönlichkeitstypen an, die zwei gegensätzliche Temperamente in sich vereinigen. Diese Kombinationen sind ungewöhnlich, obwohl sie zuweilen vorkommen:

1. Sanguiniker/Melancholiker
2. Choleriker/Phlegmatiker

Ein Ergebnis, bei dem diese beiden Temperamente ungefähr gleich stark vertreten sind, zeugt von einer »Temperamentsmaske«, weil sie diametral entgegengesetzt voneinander sind. Es ist unweigerlich das Ergebnis eines äußeren Einflusses in Ihrem Leben, der Sie in das Idealbild eines anderen pressen will oder einer in der Kindheit aufgesetzten Maske, weil Sie in einer schwierigen oder gestörten Familiensituation irgendwie überleben mussten.

Wenn Sie Sanguiniker/Melancholiker sind, gleiten Sie vermutlich von einem Extrem zum anderen. Ihre Kinder prüfen erst, in welcher Stimmung Sie sich gerade befinden, bevor sie Sie um einen Gefallen bitten. Ihre Freunde erkennen an Ihrer Stimme am Telefon, ob Sie gerade gut drauf sind. Sie schwanken zwischen dem Wunsch nach einem Einkaufsbummel mit Freunden und dem Verlangen, sich von allen Menschen abzuschotten. Zum einen unterhalten Sie die Menschen in der Schlange im Supermarkt, zum anderen bekommen Sie Panik in der Gemüseabteilung. Haben Sie sich je gefragt, warum Sie nicht so ausgeglichen sein können wie andere?

Wenn Sie ein Choleriker/Phlegmatiker sind, befinden sich Ihre Schwankungen mehr im Bereich der Kontrolle. Erst müssen Sie alles in die Hand nehmen, was Ihnen begegnet, dann schrecken Sie zurück und fragen sich, wie Sie sich nur in diese Situation hineinmanövrieren konnten. Man wundert sich, warum Sie erst vor

Energie nur so sprühen und dann plötzlich ein Schläfchen halten müssen. Auch Sie selbst verstehen dieses Auf und Ab nicht. Fragen Sie sich, ob dies wohl immer so bleiben muss?

Diese Mischung aus Gegensätzen zeigt immer an, dass die echte Persönlichkeit maskiert ist.

Eine Dreier-Kombination

Kommen drei Temperamente zusammen, ist eines sicher eine Maske. Gewöhnlich ist das »mittlere« Temperament das natürliche, und eines der beiden äußeren ist aufgesetzt. Wenn jemand beispielsweise ähnliche Punktzahlen für Melancholiker, Choleriker und Sanguiniker hat, ist er oder sie vermutlich ein Choleriker und trägt eine sanguinische oder melancholische Maske.

Oft kann eine Person, die Sie gut kennt, die beiden Spalten mit Ihnen noch einmal durchgehen und die Eigenschaftswörter heraussuchen, die besser zu Ihnen passen. Sie können sich auch in Ihre Kindheit zurückversetzen und überlegen, wie Sie damals geantwortet hätten, bevor die Erfahrungen des Lebens Ihr Selbstverständnis beeinträchtigten. Ein solches Überprüfen der gewählten Begriffe wird häufig dazu führen, dass Sie die Wahl korrigieren und damit Ihr wahres, natürliches Temperament enthüllen.

Die Vierer-Kombination

Es ist ungewöhnlich, dass sich das Ergebnis gleichmäßig über die vier Temperamente verteilt, doch es kommt zuweilen vor. Dies kann daran liegen, dass Sie den Test falsch durchgeführt haben oder Schwierigkeiten mit den Begriffsdefinitionen hatten oder sich bei der Entscheidung über das zutreffende Wort schwer getan haben oder aber ein Phlegmatiker sind, der sowieso unentschieden ist.

Die schwerwiegendere Erklärung ist, dass Sie von Natur aus eine Zweier-Kombination sind und zwei Masken tragen. Das Leben hat Ihre Selbstwahrnehmung so sehr verzerrt, dass Sie nicht mehr wissen, wer Sie wirklich sind. Vergessen Sie nicht, dass es viel Energie kostet, eine Maske zu tragen und eine Rolle zu spielen, die nicht zu Ihnen paßt. Das Ziel sollte darin liegen, die Maske abzulegen und das Leben in Fülle zu genießen.

Sollte eine dieser Maskenbeschreibungen auf Sie zutreffen, werden die folgenden Erläuterungen zum weiteren Verständnis beitragen.

Trage ich eine Maske?

»Glaubt ihr, ich trage eine Maske?«, fragte Karen, die blonde Sängerin auf der Frauenfreizeit, als wir so alle um den Tisch versammelt saßen. Alle Augen richteten sich auf sie.

»Wie ist denn dein Ergebnis beim Test zum Persönlichkeitsprofil ausgefallen?«, fragten wir zurück. »Das ist der erste Anhaltspunkt.«

»Na ja, ich glaube ich bin Sanguinikerin, aber ich hatte auch viele Punkte beim Melancholiker.«

»Du, ein Melancholiker?« Alle Frauen lachten.

Karen wies äußerlich alle Merkmale eines Sanguinikers auf. Auch in diesem Freizeitumfeld trug sie ein mit Pailletten besetztes Hemd und ausgefallenen Modeschmuck. Ihre Frisur war auf eine Art zerzaust, wie übersprudelnde Sanguiniker es sich leisten können. Hätte es einer von den anderen versucht, wäre sicher der Kommentar gekommen: »Ich sehe, du hattest heute Morgen keine Zeit, dir die Haare zu kämmen.«

Wir schauten uns ihr Ergebnis an: 22 Sanguiniker und 18 Melancholiker. Da keiner mit einer Kombination aus Gegensätzen geboren wird, ist diese Zusammensetzung immer ein Zeichen eines verzerrten Selbstbildes: Irgendwann hat irgendetwas das Selbstbild durcheinander gebracht. Sind Sie sich wie Karen unsicher darüber, wer Sie eigentlich sind?

Zunächst schauten wir uns an, welche melancholischen Eigenschaften Karen angekreuzt hatte: anspruchsvoll, depressiv, launisch, übersensibel, unversöhnlich. Wie konnte eine Sanguinikerin all diese melancholischen Merkmale aufweisen? Gab es logische Erklärungen für ihre Depression und Übersensibilität?

Alle begannen, Karen zu analysieren. Die, welche selbst nicht besser dran waren, stellten Fragen und gaben weise Worte von sich. Eva, selbst depressiv und abgelehnt, lag es auf dem Herzen, Karen zu sagen, dass sie ihr schon immer etwas gekünstelt vorgekommen war, und die cholerische Sarah riet ihr, sich zusammenzureißen und nicht zu jammern. Keine dieser Bemerkungen waren eine große Hilfe für Karen in ihrer Suche nach Wertschätzung. Wir hörten uns die Kommentare an und fragten dann: »Wie warst du denn als Kind?«

»Meine Mutter sagt, ich war sehr ungezogen und konnte nicht stillsitzen«, antwortete sie.

»Was war denn deine Mutter für ein Temperamentstyp?«

»Sie war melancholische Cholerikerin. Sie regierte mit eiserner Hand, und alles musste perfekt sein. Sie sagte mir immer wieder, sie wisse gar nicht, wo ich entsprungen sei.« Karen brach bei der Erinnerung daran in Tränen aus.

»Und dein Vater?«

»Er war Pastor und trichterte mir von Anbeginn ein, dass ich in der Kirche stillsitzen musste, weil er sonst vielleicht seine Arbeit verlieren und wir auf der Straße sitzen und nichts mehr zu essen haben würden.« Wiederum weinte Karen über das wieder aufkeimende Gefühl der Angst, dass das Wohlergehen der ganzen Familie von ihrem Betragen in der Kirche abhängen sollte.

Während wir so über diese Dinge sprachen, erkannten wir, dass Karen als Sanguinikerin in einem gesetzlichen, wenn auch wohlmeinenden Elternhaus eine melancholische Maske aufgesetzt hatte, weil die Eltern ihre Frohnatur durch die Androhung von Katastrophen unterdrückt hatten. Sie hatten ihr unbegründete

Schuld aufgeladen, ihr das Gefühl gegeben, Außenseiter zu sein und hatten Vollkommenheit als einzigen Standard gesetzt. Die sanguinische Karen hatte alles getan, um akzeptiert zu werden und das zu sein, was sich die Eltern sichtlich wünschten: ein makelloses Kind. Indem sie diesem Anspruch nicht gerecht werden konnte, spürte sie ihr Versagen den Eltern gegenüber und empfand auch, sie sei eine Enttäuschung für Gott.

Karen hatte dann einen Melancholiker geheiratet, der dieses Muster weiterführte und ihr oft sagte: »Du hast ja nur Stroh im Kopf.« Arme Karen, zum Lustigsein geschaffen, nach Liebe und Anerkennung lechzend, und doch so entmutigt, so ermattet, so hoffnungslos.

Über die Jahre haben wir erkannt, wie sehr unser Körper mit unseren Emotionen zusammenhängt. Wenn wir uns nicht in unseren von Gott gegebenen Temperamenten bewegen, setzen wir unseren Körper unter physischen Druck und erschlaffen früher oder später. Karen hatte Kopfschmerzen und wenig Initiative, besonders für eine Sanguinikerin. Ein Arzt hatte ihr gesagt, sie hätte das »Gelangweilte-Hausfrau-Sydrom« und sollte sich eine Arbeit suchen. Ein anderer hatte ihr aufputschende Medikamente gegeben (die den gegenteiligen Effekt hatten). Ihr Pastor hatte gesagt, sie habe ein geistliches Problem und sollte mehr in der Bibel lesen. Dieser Pastor hatte sie beschämt, genauso wie ihr Pastor-Vater es so erfolgreich getan hatte.

Karens ganzes Leben bestand aus Manipulation und Schuldgefühlen bei dem Versuch, diesen »vollkommenen Menschen« zu genügen. Keiner von ihnen erkannte ihren Temperamentstyp, und keiner schätzte ihr quirliges, optimistisches Naturell. Sie machten Schwächen aus ihren Stärken und zwängten sie in eine Rolle, die ihr Energie und Lebensfreude raubte.

Bis zu diesem Wochenende hatte Karen keine Möglichkeit gehabt, sich selbst und ihren Hintergrund zu analysieren. Als sie aber ihre Persönlichkeitsspaltung sah, erkannte sie auch die

Gründe für ihr geringes Selbstwertgefühl, ihre Kopfschmerzen und ihre Übersensibilität. Sie stellte fest, dass Sie nun nicht mehr perfekt sein musste, um Eltern zu genügen, die sie nur noch selten sah. Sie erkannte außerdem, dass sie ihrem Mann ermöglicht hatte, sie zu erniedrigen, weil sie das Gefühl hatte, sie verdiene nichts Besseres.

An diesem Abend beteten wir dafür, dass Karen ihre Maske abnehmen und erkennen könne, dass sie Gottes geliebtes Kind ist und Er sie genau so liebt, wie Er sie erschaffen hat. Ein Strahlen erhellte ihr Gesicht, als sie zu der Erkenntnis kam, dass sie nicht mehr danach streben musste, perfekt zu sein.

In einem Brief schrieb sie später: »Als ich meinem Mann erzählte, dass ich eine Maske getragen hatte, bestätigte er, dass ich ihm schon immer etwas unnatürlich vorgekommen sei. Ich sagte ihm, dass Gott mich extravertiert, optimistisch und mit einer Lebenslust gemacht habe, und dass ich auch fortan so sein wolle. Da erzählte er mir, das sei es gewesen, was ihm von vornherein an mir gefallen hätte. Wenn ich jetzt eine Dummheit begehe, zuckt er nur mit den Schultern. Und wenn er doch behauptet, ich sei dumm, schiebe ich es weit von mir und schreite unerschrocken voran.«

Angela und Michael dagegen wissen beide um ihre Temperamentstypen und bewegen sich darin. Sie waren bei uns auf einem Seminar über die Temperamente, und Angela beschreibt: »Unser Leben ist nun wie eine tägliche Familienserie im Fernsehen, und es ist spannend zu sehen, wie es sich entwickelt.«

Angela ist eine lebhafte Sanguinikerin mit einem Schuss cholerischen Drive. Ihr Mann Michael ist Melancholiker mit einigen phlegmatischen Anteilen — die perfekte Kombination! Angela liebt die Fernsehsendung »Herzblatt«, während Michael sie als oberflächlich und reine Zeitverschwendung abtut. Einmal entschied Angela, sie wolle die Sendung nicht allein sehen, und so tat sie, was für Sanguiniker normal ist: Sie lud ihre Freunde zu einer

»Herzblatt-Party« ein. Sie richtete für jeden einen Platz ein, legte Papier und Stifte hin und Lineale für die Melancholiker. Die ganze Gruppe musste sich zu Beginn die Regeln anhören und sich ein Bild vom wählenden Kandidaten machen. Im Laufe der Sendung gab jeder seinen Tipp ab, welcher oder welche der drei Kandidaten nun ausgewählt werden würde. Die Sanguiniker wählten einfach nach Gefühl und unterhielten sich lebhaft über die jeweiligen Fragen und Antworten der Kandidaten. Die Melancholiker störte der Lärm furchtbar beim Nachdenken und Analysieren.

Angela beobachtete, dass Michael sich jeweils eine sorgfältig mit dem Lineal gezogene Tabelle zu dem Fragenden und den Kandidaten gemacht hatte und die Fragen und Antworten fleißig mitschrieb, um einen besseren Überblick zu haben. Jeder hatte fünf Blätter bekommen, um sich Notizen zu machen. Für manche Sanguiniker reichte das lange nicht aus. Michael brachte aber alles in winziger Schrift auf einer Seite unter und errechnete die Wahrscheinlichkeit, ob zwei zusammenpassen würden. Er fand, man müsse aus dieser trivialen Angelegenheit wenigstens etwas Sinn herausholen. Er war über seine Analyse fast aufgeregt.

Zum Schluss der Runde, als jeder seinen Tipp abgab, wer gewählt werden würde, war Michael ganz erstaunt, dass Angela aufs Geratewohl die Kandidaten immer wieder richtig tippte, während er mit all seinen Vergleichen und Analysen immer wieder daneben griff. Während die anderen ihre Kuppler-Fähigkeiten feierten, saß Michael in tiefer Andacht über seinen fehlgegangenen Tipps und grübelte, was er wohl falsch gemacht hatte.

Denken Sie einen Moment über Ihre Situation nach. Handeln Sie und Ihre Familie nach Ihren natürlichen Temperamentstypen? Haben Sie Spaß miteinander in der Entdeckung Ihrer Unterschiedlichkeiten? Oder wissen einige von Ihnen nicht, wer Sie wirklich sind? Stellen Sie sich folgende Fragen:

1. Was für Masken gibt es?
2. Wann beginnen Menschen, Masken zu tragen?

3. Was hat Sie dazu gebracht, Ihr natürliches Temperament zu verdecken?

Der folgende Test könnte Ihnen helfen festzustellen, ob Sie eine Maske tragen — und warum.

Trage ich eine Maske?

1. Hatten Sie Schwierigkeiten bei dem Test zum Persönlichkeitsprofil?

2. Fiel Ihnen die Wahl vieler Eigenschaften schwer?

3. Hatten Sie das Gefühl, Sie bräuchten die Meinung eines anderen, um Ihre Entscheidung treffen zu können?

4. Sind Sie sich unsicher, ob das Ergebnis des Tests den Tatsachen entspricht?

5. Ergibt sich jedes Mal, wenn Sie den Test durchführen eine andere Temperamentszusammenstellung?

6. Sind Sie sich unsicher darüber, wie Sie wirklich sind?

7. Zweifeln Sie schon immer an Ihrem Selbstwert?

8. Haben Sie das Gefühl, Sie waren als Kind ganz anders?

9. Fragen Sie sich manchmal, ob andere Sie wohl durchschauen?

10. Wünschen Sie sich oft, Sie wären jemand anderes?

Wenn Sie auf drei oder mehr Fragen mit Ja geantwortet haben, kann es sein, dass Sie eine Maske tragen. Das ist nicht Ihre Schuld! Wir setzen Masken nicht absichtlich auf. Wir sagen nicht bewusst: »Ich glaube, ich werde lieber unaufrichtig sein.« Nein, wir setzen sie auf, um in einer bestimmten Situation zu überleben. Nach einer Weile vergessen wir jedoch, wie wir ursprünglich waren, und das Leben nimmt seinen tragischen Lauf.

Shakespeare plädiert in *Hamlet* dafür, sich selbst treu zu sein, denn so sei man auch vor anderen wahrhaftig.

Wenn Sie empfinden, dass Sie möglicherweise eine Maske tragen, könnten Sie mit Hilfe der folgenden Liste identifizieren, um welche es sich handelt:

Maskentypen

Sanguiniker

die gewinnende, humorvolle Maske

Von Nicht-Sanguinikern aufgesetzt, in der Hoffnung, beliebt zu werden. Sie versuchen, Schmerz durch Humor zu verdecken: *Wenn wir nur alle glücklich sein könnten...* Es kommt vor, dass Eltern sich wünschen, dass ihr nicht-sanguinisches Kind zum Vorzeigen süß und niedlich ist. Das Kind setzt dann eine sanguinische Maske auf und versucht, lustig zu sein.

Melancholiker

die gründliche, schmerzvolle Maske

Von Nicht-Melancholikern aufgesetzt, die erkennen, dass Perfektion in der Familie der einzige Maßstab ist, oder die durch Unterdrückung oder Misshandlung großen Schmerz erlitten haben: *Wenn ich nur perfekt sein könnte...* Überlebenskämpfer seien nach außen hin erfolgreich, meint die Therapeutin Linda Schiller in ihrer Beschreibung dieser Maske. Sie versuchen, perfekt zu sein, um ihr

Leben so weit wie möglich nach außen hin intakt zu halten — auf Kosten des inneren Wohlergehens.

Choleriker

die gewaltige, kontrollierende Maske
Von Nicht-Cholerikern aufgesetzt, die in eine verantwortungsvolle Position gedrängt werden, z. B. weil ein Elternteil physisch fehlt oder nicht fähig ist, seine Rolle auszufüllen: *Irgendeiner muss ja die Zügel in die Hand nehmen...* Die Position fällt der Person durch das Versäumnis einer anderen zu.

Phlegmatiker

die gemütliche, fügsame Maske
Von Nicht-Phlegmatikern aufgesetzt, die lernen, dass es sinnlos ist, eine Meinung zu äußern oder etwas selbst in die Hand zu nehmen. Sie müssen den Mund halten und sich heraushalten: *Wenn ich nur keine Probleme verursache...* Diese Maske wird oft von Cholerikern gewählt, die es gelernt haben, sich zurückzuziehen und keine Furore zu machen.

Ursachen für eine Maskierung

Nun, da Sie die Maske, die Sie womöglich tragen, identifiziert haben, ist die nächste Frage: »Warum? Was hat mich dazu gebracht, mein natürliches Temperament zu maskieren?« Wir haben zehn mögliche Gründe entdeckt.

1. Ein dominierender Elternteil
Wenn ein Elternteil ständig auf das Kind einwirkt, damit es so wird, wie er oder sie es sich wünscht, wird das Kind gezwungen, eine Maske aufzusetzen. Ein melancholischer Elternteil möchte beispielsweise aus einem sanguinisch spontanen Kind ein melan-

cholisch gründliches machen. Oder ein dynamischer Choleriker versucht sein gemütlich phlegmatisches Kind in einen cholerischen Überflieger umzuerziehen. Oder, wie in Karens Fall, ein religiöser Elternteil will ein makelloses Kind haben und zwängt dieses in eine melancholische Rolle.

Monika ist ein weiteres Beispiel für einen cholerischen Vater, der seiner Tochter die Maske eines Cholerikers aufdrückte. Ihre Eltern trennten sich, und sie blieb schließlich bei ihrem Vater, der an den Rollstuhl gefesselt war. Die beiden älteren Geschwister durften kommen und gehen, wann sie wollten, aber Monikas Lebensziel war es, ihrem Vater zu gefallen und ihn glücklich zu machen.

»Seit meinem siebten Lebensjahr wurde mir die Verantwortung übertragen, Papas kluge, brave Tochter zu sein und einen Vierpersonenhaushalt zu führen, also all das zu sein, was meine Geschwister nie sein würden«, erzählte sie uns. »Als ich dreizehn war, hatte ich meine Identität verloren und wollte Spaß im Leben haben. Fünf Jahre lang ließ ich mich mit Jungen ein, verkaufte und nahm selbst Drogen. Wenn ich jetzt zurückschaue, merke ich, dass ich eine Phlegmatikerin mit der cholerischen Maske harter Arbeit war. Es wurde mir zur Sucht, meinem Vater zu gefallen. Von dort war der Weg zur Suchtverschiebung auf Drogen nicht mehr weit.« Monika ist jetzt praktizierende Christin und dabei, die cholerische Maske abzulegen, die ihr als Kind aufgedrückt worden war.

Es ist nicht einfach, arbeitssüchtiges Verhalten abzulegen, ohne dabei ständig ein schlechtes Gewissen zu haben und zu denken: »Ich kann doch jetzt nicht einfach nur hier rumsitzen!« Wenn man dieses Problem jedoch als lösbar erkennt und nicht auf die Anerkennung der Arbeit als Maßstab für den eigenen Selbstwert angewiesen ist, kann man die Maske ablegen und echt werden.

Wenn Sie einen dominierenden Elternteil (auch Stief-, Pflege- oder Großeltern) hatten, setzen Sie hier ein Kreuz. ☐

2. Ein dominierender, kontrollierender Ehepartner

Ein solcher Charakter als Ehepartner kann ähnliche Auswirkungen haben wie in der Kindheit. Ein melancholisch-cholerischer Ehemann kann zum Beispiel versuchen, seine sanguinische Frau in eine »perfekte Ehefrau« zu verwandeln. Nach einer gewissen Zeit sieht die Frau sich als melancholisch-phlegmatisch, obwohl dies nur eine Maske ist, mit der sie versucht, dem Druck in der Ehe standzuhalten.

Oft überträgt sich ein dominierender Einfluss aus der Kindheit später in die Ehe, da Opfer dazu neigen, Täter zu heiraten. Karen, die blonde Sängerin, hatte wohlmeinende Eltern, denen es nicht bewusst war, dass ihre Kontrolle den natürlichen Charakter ihrer Tochter unterdrückte. Obwohl gebildet, hatten sie keine Kenntnis von den Temperamentstypen und dachten, die Erziehung des Kindes zu einem braven Mädchen wäre richtig und sogar gottgewollt. Sie mochten Karens Mann, weil sie glaubten, seine moralische Art würde den richtigen Druck auf Karens unbändige Natur ausüben, um sie auf dem »rechten Pfad« zu halten. Die arme Karen hatte mit all diesen Perfektionisten um sie herum nie die Chance, ihre Maske abzulegen.

Und Sie? Wenn Sie versuchen, jemanden umzuerziehen, sodass er oder sie Ihren Vorstellungen entspricht, machen Sie sich bewusst, welche Zerstörung Sie damit anrichten. Wenn Sie Opfer einer solchen »Umerziehung« sind, setzen Sie an dieser Stelle ein Kreuz. □

3. Ein Alkoholiker als Vater oder Mutter

Ein Kind mit einem alkoholsüchtigen Elternteil spürt einen unnatürlichen Druck, etwas leisten oder zum Haushalt beitragen zu müssen und übernimmt oft eine Elternrolle, die für das Kind und sein natürliches Temperament anomal ist.

Häufig fühlt sich ein Kind in einem alkohol- oder drogenabhängigen Elternhaus verantwortlich für das Chaos. Auch wenn es das Geschehen nicht versteht, empfindet es, dass sich die Probleme irgendwie lösen würden, wenn es nur anders wäre. (Die Auswirkungen sind unterschiedlich je nach gegebener Situation, Alter und Rang des Kindes in der Geschwisterfolge.) Ein sanguinisches Kind beispielsweise denkt sich: »Wenn ich nur alles richtig machen könnte, würde Papa mich nicht misshandeln.« Dieses Kind setzt eine melancholische Maske der Perfektion auf und beginnt ein Leben in einer aufgesetzten Rolle, die schließlich zu einer Reihe von psychosomatischen Leiden führen kann.

So wie der Sanguiniker versucht, gut zu sein, so kann der Melancholiker meinen, es brauche in der Familie nur ein wenig Aufheiterung: »Wie kann ich sie alle fröhlich machen? Ich werde Witze machen, vielleicht bringe ich Mama ja zum Lachen.« Und schon sitzt die sanguinische Maske.

Ein Choleriker versucht womöglich zunächst, die Sache in die Hand zu nehmen und merkt bald, dass dies vergeblich ist. Dieses Kind gibt auf: »Wenn sie im Chaos leben wollen, sollen sie doch. Ich werde mich nur noch um mich selbst kümmern und keine Meinungen mehr äußern.« Er oder sie setzt die Maske eines Phlegmatikers auf und spielt Gleichgültigkeit vor. Ein Choleriker, der sich zu Hause so beherrschen muss, ist draußen zu jeder Art von Dominanz oder Machtausübung fähig. Solch ein Kind hat die besten Voraussetzungen, Anführer einer Jugendgang zu werden.

Ein Phlegmatiker, der sich von Natur aus zurückziehen und wegschauen würde, kann so herausgefordert werden, dass er doch eingreift. Wenn die kleine Schwester schreit, füttert er sie schließlich. Wenn die Mutter besinnungslos wird, legt er eine Decke über sie. Wenn sie vom Vater geschlagen wird, tritt er dazwischen. Wenn der Vater fort ist (auf einer Sauftour, im Gefängnis, mit einer anderen Frau durchgebrannt oder tot), wird ihm gesagt: »Nun bist du der Mann im Haus.« Er reißt sich zusammen und zwingt sich, die Verantwortung zu übernehmen. Diese Überforderung seiner emotionalen Kräfte spaltet seine Persönlichkeit, und er setzt die Maske eines Cholerikers auf.

In jeder gestörten Familiensituation findet man genug Maskierte, um einen ganzen Faschingsball zu veranstalten. Auch wenn Sie der Meinung sind, in einer »normalen« Familie groß geworden zu sein, setzen Sie hier ein Kreuz, wenn mindestens einer Ihrer Eltern alkohol- oder drogenabhängig war. ☐

4. Eine gesetzlich-religiöse Familie

In einer solchen Familie wird erwartet, dass jeder ein geistlicher Überflieger ist und den Buchstaben des Gesetzes erfüllt. Es ist erstaunlich, dass sogar große geistliche Helden (Menschen, die schockiert sind, ein Glas Sekt oder eine Packung Zigaretten bei einem Freund auf dem Tisch stehen zu sehen und in ihrem ganzen Leben voll eintöniger Sonntage keinen einzigen wollüstigen Gedanken gehegt haben) es immer wieder schaffen, ein gestörtes Verhältnis zum Glauben in der Familie hervorzubringen. In solch einer Umgebung werden die Kinder so sehr geheiligt und gereinigt, dass kein natürliches Temperament, welches es auch zu Beginn gewesen sein mag, zur Entfaltung und Reife kommen kann.

Sanguiniker sind in einem solchen Heim völlig inakzeptabel und ihre humorvolle Art wird als tragische Schwäche angesehen, die bekannt und bekämpft werden muss. Auch Choleriker, die etwas unkonventionelle Meinungen äußern, bekommen große Schwierigkeiten und lernen bald, Frömmigkeit vorzutäuschen bis sie endlich ausziehen und davonlaufen können. Egal wie sie geboren wurden, alle Kinder in dieser Familie werden voraussichtlich passiv und perfektionistisch. Es sind phlegmatische und melancholische Überlebensmasken.

Wenn Sie in einem gesetzlichen Heim groß geworden sind, setzen Sie hier ein Kreuz. ☐

5. Ablehnung in der Kindheit

Ein Kind kann in einem sehr gebildeten Elternhaus mit einem wunderschönen Kinderzimmer und viel Geld aufwachsen und sich doch von einem oder beiden Eltern abgelehnt fühlen.

Oft sind Eltern beruflich so eingespannt, dass ihre Kinder sie selten zu Gesicht bekommen. Sie glauben, dass sie die Bedürfnisse des Kindes mit Geld und Geschenken stillen können. Diese Eltern wollen nichts Böses, aber die Dinge dieser Welt sind ihnen wichtiger als das Vorlesen eines Märchens, das Ausschneiden von Papierfiguren oder das Zusammenbauen eines Modellflugzeuges. Diese Kinder wissen zwar, dass die Eltern sie lieben, aber irgendwie fühlen sie sich dennoch nicht geliebt. Kinder aus gestörten Familienverhältnissen fühlen sich häufig von mindestens einem Elternteil abgelehnt. Es kommt vor, dass der andere Elternteil das Kind zu sehr in Schutz nimmt oder sogar für das eigene Glück auf das Kind angewiesen ist. Auch alle Kinder, die in irgendeiner Weise missbraucht werden, empfinden tiefe Ablehnung. Sie denken sich: »Wenn ich nur lieb gewesen wäre, wäre mir das nicht passiert.«

Wenn Sie sich als Kind je abgelehnt fühlten, setzen Sie hier ein Kreuz. □

6. Ablehnung als Erwachsener

Erwachsene empfinden Ablehnung bei Verlust der Arbeit, von Freunden, des Partners oder eines Kindes. Andere Gründe können Demütigungen, Ausgeschlossensein und Schelte für Dummheit sein.

Menschen, die als Kind Ablehnung erfahren haben, fühlen sich als Erwachsene oft nicht anders. Keiner scheint sie zu mögen, sie werden in der Gemeinde und am Arbeitsplatz ignoriert und fühlen sich hässlich. Aufgrund ihrer Unsicherheit stellen sie die Liebe anderer auf die Probe, und schließlich passiert unweigerlich das meist Befürchtete: Die Menschen wenden sich ab.

Eltern, die die Abhängigkeit ihrer Kinder brauchen, versinken in Ablehnung, sobald diese Anzeichen von Unabhängigkeit zei-

gen. Eine Frau stellt die Treue ihres Mannes in Frage und über-
wacht ihn. Dann sieht sie ihn mit einer anderen Frau, vermutet das
Schlimmste und weiß, dass er sie verstoßen hat.

Wir kennen eine Frau, Sabine, die nach Jahren immer noch
unter einer flapsigen Bemerkung ihrer sanguinischen Schwester
litt, als diese sie ihrem neuen Freund mit den Worten vorstellte:
»Sabine ist eine wunderbare Person, wenn man ihr Gesicht außer
Acht lässt.« Wenn Sabine nun in den Spiegel sah, leuchtete diese
Verurteilung wie Neonschrift auf ihrer Stirn auf.

Wenn Sie sich als Erwachsener abgelehnt oder verstoßen
gefühlt haben, setzen Sie hier ein Kreuz. ☐

7. Alleinerziehende Mutter oder Vater

Ein Kind in einem Alleinerzieher-Haushalt, insbesondere Erstge-
borene, müssen an vielen Stellen die Rolle des fehlenden Eltern-
teils ausfüllen. Stimmen diese Aufgaben nicht mit dem Temperament des Kindes überein, wird dieses sehr wahrscheinlich eine
Maske aufsetzen, die auch im Erwachsenenalter nicht mehr ab-
gelegt wird.

Auch der beste Vater oder die beste Mutter kann den fehlenden
Elternteil nicht ersetzen. Diese Aussage soll allein stehende Eltern
nicht verurteilen, sondern nur erklären, warum Kinder aus solch
einem Haushalt Masken zur Verdeckung ihres Schmerzes tragen.
Wenn sie zwischen beiden Eltern hin- und hergereicht werden,
wird das Gefühl der Ablehnung jede Woche aufs Neue geschürt.
Dieses wird noch verstärkt, wenn die Erwartungen der beiden
Eltern an die Kinder sehr unterschiedlich sind. Das Kind wird
dadurch gezwungen, bei mindestens einem Elternteil, wenn nicht
bei beiden, eine Maske zu tragen.

Wenn Sie mit einem allein erziehenden Elternteil aufgewachsen
sind, auch einem außergewöhnlich guten, setzen Sie hier ein
Kreuz. ☐

8. Jede Art von verbaler, emotionaler oder physischer Misshandlung

Eine sichere Art, einem Kind eine Maske aufzuerlegen ist durch Beschimpfung mit harten, kritischen Worten, die Vermittlung eines Gefühls der Wertlosigkeit oder Gewaltanwendung, die über das angebrachte Maß an Strafe hinausgeht. Viele Eltern, die überzeugt sind, gute Erziehungsmethoden zu haben, lassen in Wahrheit ihre eigene Unsicherheit und ihren Zorn an ihren Kindern aus. Bei einigen ist die Zornschwelle aufgrund selbst erfahrener Misshandlung so niedrig, dass sie beim ersten Fehltritt eines Kindes sofort handgreiflich werden.

Einige glauben, wenn ihnen kein physischer Schmerz zugefügt wurde, ist kein Schaden angerichtet worden. Wenn jedoch ein Kind verspottet oder, insbesondere vor Freunden, lächerlich gemacht wird, kann das langfristig emotionale Störungen hervorrufen. Die Sanguinikerin Susanne erzählte uns, dass ihr Vater sie und ihre Schwestern nie auf Ausflüge mitnahm, sodass sie sich abgelehnt fühlten. Eines Tages überraschte er sie und ging mit ihnen an einen See baden.

»Ich war so glücklich, dass mein Papa mit *uns* etwas unternehmen wollte!« erzählte sie. »Er hatte ein Stück Seife in der Hand, und ich fragte ihn, was er denn mache. Er sagte: ›Ich wasche mich im See. Willst du dich auch waschen?‹

Ich dachte: ›Das ist ja viel spannender als zu Hause in der alten Badewanne!‹ Als ich mich bückte, um meine Beine unter Wasser zu waschen, glitt mir die Seife aus der Hand. Papa fragte: ›Wo ist die Seife?‹

›Ich hab sie aus Versehen fallen lassen‹, musste ich antworten.

›Du solltest sie besser wieder finden‹, gab er zurück. Ich suchte unter Wasser hektisch nach dem Stück Seife.

Einige Minuten später blies er zum Aufbruch, wir zogen uns alle an und stiegen ins Auto. Kurz darauf kam Papa mit einer Rute aus den Büschen hervor und befahl mir wieder auszusteigen. Mit der Rute schlug er mir auf die nackten Beine dafür, dass ich ›fahrlässig das Stück Seife verloren‹ hatte.«

Susanne erinnert sich noch wie heute an dieses Ereignis. Ein andermal beging sie den Fehler, laut zu lachen, als ihr Vater sich nach einem Fußballspiel ausruhen wollte.

»Papa zitierte mich in sein Schlafzimmer, faltete eine Zeitung und sagte, da ich seine Anweisung, leise zu sein, nicht beachtet hatte, sollte ich auf der Zeitung stehen bleiben, bis er seinen Mittagsschlaf gehalten hatte. ›Und wenn du dich rührst, stehe ich auf und schlage dich!‹ Also stand ich eine geschlagene Dreiviertelstunde da wie ein Hund bei der Abrichtung (in der Hoffnung, nicht husten zu müssen) bis Papa sich ausgeruht hatte.«

Diese beiden Beispiele von übertriebener Strafe zeugen von emotionalem Missbrauch, und die Auswirkungen solch einer Misshandlung verschwinden nicht, wenn das Kind groß wird und auszieht. Leider werden sie meist an die nächste Generation weitergereicht. Der oder die Betroffene hat bis dahin jedoch den Missbrauch so gut verdeckt, dass das erwachsene Kind sich nicht bewusst ist, was es da tut. Es ist erwiesen, dass als Kind selbst Misshandelte eher zur Misshandlung neigen sowie auch Kinder von alkoholkranken Eltern eher Alkoholiker werden oder solche heiraten.

Prüfen Sie, ob dieser Bereich des Missbrauchs auf Sie zutreffen könnte. Wenn es in Ihrer Kindheit mindestens einen Erwachsenen gab, der Sie grob beschimpft, lächerlich gemacht oder über Gebühr bestraft hat, setzen Sie hier ein Kreuz. ☐

9. Sexuelle Belästigung in der Kindheit

Sexuelle Belästigung ist jede Art, das Kind erotisch zu berühren oder es dazu zu bringen, den Erwachsenen in einer unanständigen Weise zu berühren.

Beide Arten des Vergehens führen unweigerlich zu einer Maskierung, insbesondere wenn es von einem Elternteil oder Erziehungsberechtigten begangen wird. Unbewusst folgert das Kind: »Wenn ich nur gut genug sein könnte, würde er mich in Ruhe lassen.« Das trifft besonders zu, wenn das Ereignis völlig verdrängt worden ist und im Erwachsenenalter jede Spur der Erinnerung daran verschwunden ist. Oft ist dies der Fall, wenn eine Person eine hohe Punktzahl bei den melancholischen Schwächen erreicht, ohne die entsprechenden Stärken aufzuweisen, oder wenn viele sanguinische Stärken ohne die ausgleichenden Schwächen zusammenkommen.

Carina ist ein Beispiel eines sanguinisch-cholerischen Kindes, das sexuell missbraucht wurde und eine melancholische Schmerzensmaske aufsetzte. Aus einem glücklichen Kleinkind wurde ein depressives, zurückgezogenes Mädchen, das ihren eigenen Körper hasste.

Eine Art, wie Carinas Maske unbewusst zum Ausdruck kam, war durch ihre Kleidung: Sie trug dunkle, konservative Kleider, die ihr irgendwie nicht standen. Bei einem unserer Seminare für Christen in Leitungspositionen erkannte sie plötzlich bei der Einheit über Kleidung, dass ihre Kleiderwahl gar nicht zum Ausdruck brachte, wie sie sich eigentlich sah. Ganz tief in ihr steckte eine Sanguinikerin, die nach Freiheit schrie. Als sie zu uns kam, um über ihre melancholische Maske zu sprechen, sagte sie uns, sie könne ihre Kleider nicht ausstehen. Wir erklärten, es seien nicht ihre Kleider, sondern sie selbst, die sie nicht mochte. Carina dachte darüber nach und meinte: »Sie haben Recht, ich mag weder mich selbst noch meine Kleider. Nun sehe ich aber, dass ich so nicht mehr leben muss. Ich bin schon immer neidisch gewesen auf die Sanguiniker und ihre Art, sich zu kleiden, ohne mir jedoch bewusst zu sein, dass in mir selbst ein Sanguiniker schlummert.«

Carina erzählte uns, dass sie schon eine ganze Weile darum betete, dass Gott sie zu dem zurückführen möge, wie er sie ursprünglich geschaffen hatte, ohne zu merken, dass sie eine melancholische Maske trug. Während wir sie anschauten, veränderte sich ihr Ausdruck, sie zwinkerte mit den Augen, richtete sich auf und kicherte: »Ich werde jetzt mal *ich selbst* sein!«

Am nächsten Tag übergab sie uns ein Briefchen mit folgendem Inhalt:

Gestern Abend bin ich einkaufen gegangen und habe zum *allerersten Mal* (ich übertreibe nicht!) Kleider gekauft, die zu einer Sanguinikerin passen — es hat riesig Spaß gemacht! Und alles habe ich allein ausgesucht, außer einer Bluse, bei der mir eine nette Verkäuferin half. Sie ermutigte mich immer mit den Worten: »Weiter so, Mädchen!« Ich habe mir sogar hängende Ohrringe gekauft — noch eine Premiere!

Heute Morgen begrüßte mich meine siebenjährige Tochter mit den Worten: »Du siehst toll aus, Mama. Ich dachte, du magst keine Hängeohrringe.« Mein phlegmatischer Mann lachte (vor Vergnügen) und sagte: »Mir gefällt die neue Carina«, und ich sagte: »Sag mir, dass ich mit den Sachen eine gute Wahl getroffen habe.«

Früher wäre ich mir »herausgeputzt« und unnatürlich vorgekommen.

Sicherlich haben Sie ähnliche Dinge schon zigmal gehört. Ich wollte Sie jedoch nur ermutigen und sagen, dass die kleinen, scheinbar unwichtigen Nebensächlichkeiten in Ihrer Lehre eine lebensverändernde Wirkung haben können.

P. S. Übrigens, wenn Sie mich suchen, ich bin die im wunderschönen Kleid, mit Hängeohrringen, hoch gesteckten Haaren, stark geschminkt, aufrecht sitzend und mit einem breiten Lächeln im Gesicht. Na ja, vielleicht nicht viel anders als all die anderen Sanguinikerinnen im Raum!

Was für eine Veränderung, wenn man seine Maske ablegt und echt wird!

Carina wusste, was ihr angetan worden war, aber die Mehrzahl der Opfer haben den Missbrauch verdrängt. Nur weil keine

Erinnerung an das Ereignis da ist, werden die Symptome jedoch noch lange nicht ausgelöscht.

Als die sonnige, sprudelnde Christine zum ersten Mal den Test zum Persönlichkeitsprofil durchführte, ergab sich eine Melancholikerin. Das Ergebnis war jedoch solch ein Kontrast zu ihrem Aussehen, dass wir uns sicher waren, dass sie eine Maske trug. Da sie daran interessiert war, ihre wahre Persönlichkeit zu ergründen, rieten wir ihr, unser Buch *Freeing Your Mind From Memories That Bind* (»Befreiung von Erinnerungen, die uns binden«) zu lesen. Als sie die Fragen im Buch durchging, wurde ihr bewusst, dass sie vermutlich in ihrer Kindheit missbraucht worden war und bat um einen Gesprächstermin mit Fred. Nach einigen Minuten sagte er zu ihr: »Christine, du bist nicht Melancholikerin, du bist Sanguinikerin.« Später schrieb sie über diesen Moment: »Sobald Fred diese Worte aussprach, spürte ich eine Wärme in meiner Brust, und ich musste unwillkürlich weinen. Zum ersten Mal seit dreißig Jahren fühlte ich mich frei. Eine riesige Last fiel von meinen Schultern, und das Maskenspiel, das ich unbewusst gespielt hatte, war vorüber.«

Sie erzählte uns: »Ich weiß jetzt, dass ich als Sanguinikerin geboren wurde, aber fast mein ganzes Leben lang eine melancholische Maske getragen habe. Ich habe versucht, mir durch hervorragende Leistungen Anerkennung zu verdienen.«

Sie suchte weiter nach innerer Heilung, betete um die Wiederherstellung ihrer Erinnerungen und ging mit einer Seelsorgerin ins Gespräch, die auf die Verletzungen im Zusammenhang mit sexuellem Missbrauch eingehen konnte. Durch ihre Nachforschungen, das Ablegen ihrer Maske und das Gebet zur Wiederherstellung der Erinnerung (s. Teil IV dieses Buches) ist Christine heute eine andere Person geworden, die weiß, wer sie ist und das Leben genießen kann.

Auf dieses Thema werden wir im Kapitel 10 über Gefühle und Erfahrungen näher eingehen. Vorerst setzen Sie hier ein Kreuz, wenn Sie wissen oder vermuten, dass Sie in der Kindheit sexuell belästigt worden sind. □

10. Missbrauch im Erwachsenenalter

Dies kann jede Art von Missbrauch sein — verbal, emotional, physisch oder sexuell — die nach dem achtzehnten Lebensjahr stattfand. Wenn Sie sich verletzt oder beschämt gefühlt haben, als es passierte, war es Missbrauch.

Viele wünschen sich zu heiraten und bis an ihr Lebensende glücklich zu sein. Dieser Traum erfüllt sich für einige jedoch nicht. Statt einen Partner zu finden, der auf Ihre Wünsche eingeht, Sie ermutigt und Sie bedingungslos liebt, sind manche von Ihnen in der Ehe missbraucht worden. Es mag sein, dass Sie den Missbrauch abstreiten: »Er meint es nicht wirklich so, wie er es sagt.« — »Sie weiß nicht, wie verletzend ihre Worte sind.« — »Behandeln nicht alle Männer ihre Frauen so?« Sie haben sich vielleicht herausgeredet, Sie seien die Treppe heruntergefallen, als es um Ihre Blutergüsse ging. Wenn Sie die Tatsachen verleugnen und sogar lügen, setzen Sie eine Maske auf und machen sich selbst und anderen etwas vor.

Unserer Erfahrung nach lässt sich ein emotional gesunder Mensch nicht mehr als ein- oder zweimal missbrauchen, bis er oder sie etwas dagegen unternimmt. Es sind nur Menschen, die in der Kindheit schon auf ähnliche Weise missbraucht wurden, die nach der Statistik aus den Ehemissbrauchs-Beratungszentren bis zum siebten größeren Übergriff warten, bevor sie Hilfe suchen. Wenn Sie als Erwachsener in irgendeiner Weise missbraucht worden sind, setzen Sie hier ein Kreuz. □

Blättern Sie nun zurück und schauen Sie nach, welche Punkte Sie angekreuzt haben. Erkennen Sie, woher Ihre Unsicherheit über Ihren Temperamenttyp kommt? Wenn ja, ersparen Sie sich womöglich monatelange Seelsorge und viele Kosten, da Sie den

Grund für Ihre geringe Selbstwertschätzung und andere emotionale Probleme lokalisieren können.

Wenn Sie in diesem Abschnitt keinen einzigen Punkt angekreuzt haben, stehen die Chancen gut, dass Sie keine Identitätsprobleme haben. Wenn Sie die Punkte 1 oder 2 angekreuzt haben, rühren Ihre Probleme von einem dominierenden Einfluss anderer Personen in Ihrem Leben her. Bei Punkt 3 und 4 gehen sie auf gestörte Familienverhältnisse zurück. Die Punkte 5 und 6 handeln von Ablehnung (wie eigentlich alle anderen auch). Im Punkt 7 geht es um einen Alleinerzieher-Haushalt. Bei den Punkten 8, 9 und 10 sind die Probleme auf irgendeine Art von Missbrauch zurückzuführen. Wenn Sie weiterlesen, die Tests durchführen und nachforschen, werden Sie eventuell Ihre Probleme selbst identifizieren können.

Hoffnung für die Hoffnungslosen

Heike und ihr Mann waren auf einem Leiterschaftswochenende, wo wir auch über die Temperamentstypen sprachen, und kauften sich einige unserer Bücher. Als Heike den Test zum Persönlichkeitsprofil machte, war das Ergebnis Melancholiker/Sanguiniker. Dies schien ihr glaubwürdig zu sein, da sie auf der einen Seite Spaß liebte, auf der anderen aber sich selbst zu Ordnung und Perfektionismus disziplinierte. In unserem Buch *Freeing Your Mind* (»Befreiung von Erinnerungen«) erfuhr sie, dass die Kombination Sanguiniker/Melancholiker häufig auf sexuelle Belästigung in der Kindheit hinweist. Als sie um Klarheit betete, wurde ihr deutlich, dass ihr Bruder sich an ihr vergangen hatte, und dass ein Freund versucht hatte, sie zu vergewaltigen. In ihrer Familie war alles im Zusammenhang mit Sex tabu, und so konnte sie nicht über diese Dinge sprechen. Ihr wurde angedroht, es würde ihr noch schlimmer ergehen, wenn sie darüber sprechen sollte.

Heike analysierte ihr Kindheitsumfeld und erkannte, dass ihr Bruder immer geschlagen wurde, wenn er ungehorsam war. Außerdem hatte er keine Erinnerung an seine Kindheit vor dem zwölften Lebensjahr, was bedeuten könnte, dass auch er Opfer sexuellen Missbrauchs war. Ihre Schwester wurde zumindest verbal misshandelt und galt als »Inbegriff von Dummheit und Hässlichkeit«.

Heike wollte nicht geschlagen oder als dumm beschimpft werden, und so setzte sie eine melancholische Maske der Perfektion auf. Ihre sanguinische Seite verkümmerte: Das Leben war grausam. Ihre cholerische Ader versiegte: Hier war nichts mehr in die Hand zu nehmen. Die melancholische Maske bot ihr die Chance zu überleben: »Ich wurde eine perfekte Schülerin und Studentin, mein Zimmer sah immer makellos aus, und so hoffte ich mir die Zuneigung meiner Eltern zu erarbeiten.«

Als Heike den Persönlichkeitstest zwei Jahre nach dem ersten Versuch noch einmal durchführte, verteilten sich die Punkte gleichmäßig zwischen Sanguiniker und Choleriker. Ihren natürlichen Temperamenttyp enthüllte sie im Alter von 29 Jahren. Schade, dass Heike so viele Jahre keine Hilfsmittel hatte, um ihren Missbrauch zu identifizieren und zu bewältigen, sodass sie sich in ihrem wahren Temperament bewegen konnte. Heike schließt daraus:

»Jetzt, da ich einige Nebeneffekte von Kindesmissbrauch verstehe, sehe ich, dass meine Mutter selbst wahrscheinlich Ähnliches erlitten hat. Das Muster wiederholt sich. Ich erkenne jedoch auch, dass Gott mir die Chance gibt, aus dem Kreislauf auszubrechen, bevor er meinen Mann und mich mit Kindern segnet. Auf *keinen Fall* wünsche ich meinen Kindern, dass sie einige der Dinge ertragen müssten, die ich ertragen musste. Eine weitere Aufgabe, die mir bleibt, um den Kreislauf zu durchbrechen ist, die ganze Sache mit meinem Bruder zu besprechen. Er hat zwei Kinder und ich möchte nicht, dass er sie verletzt. Die Erinnerung an die Schläge muss ihm noch in den Knochen sitzen. Ich bete dafür, dass ich den Mut bekomme, ihn darauf anzusprechen.«

Heikes Erfahrungen zeigen, dass es Hoffnung gibt. Man kann die Maske ablegen. Wir schlagen vor, dass Sie im Gebet darüber nachdenken, ob einige dieser Probleme in Ihrem Leben eine Rolle gespielt haben, sodass Sie einer echten Lösung näher kommen können.

Teil II

Ein Problem in der Gegenwart

2
Welche emotionalen Bedürfnisse habe ich?

Jeder von uns wird mit einem Temperamentstyp geboren, welcher unsere Wünsche, Ziele und Beziehungsfähigkeiten bestimmt, aber auch unsere emotionalen Bedürfnisse, unsere Frustfaktoren sowie unser Energiepotential. Wenn Sie die Bewertungsbögen in diesem Kapitel ausfüllen, erreichen Sie zweierlei: Erstens können Sie Ihren Temperamentstyp überprüfen, zweitens können Sie Ihre emotionalen Bedürfnisse einschätzen. Wir wissen zwar, dass alle Menschen Bedürfnisse haben, können sie jedoch häufig nicht definieren und verstehen zuweilen nicht einmal, warum uns bestimmte Dinge ärgern, die andere gar nicht zu stören scheinen.

Kreuzen Sie im Folgenden die Sätze an, die Ihnen aus dem Herzen sprechen. Manche dieser Sätze haben Sie vielleicht oft schon selbst in den Mund genommen.

Bewertung der emotionalen Bedürfnisse

Emotionale Bedürfnisse:
1. ☐ Ich liebe Aufmerksamkeit.
2. ☐ Ich mag Menschen, die meine Bedürfnisse wahrnehmen.
3. ☐ Ich werde kribbelig, wenn Dinge außer Kontrolle geraten.
4. ☐ Ich kann unter Stress nicht gut arbeiten.
5. ☐ Ich möchte behutsam getröstet werden, wenn ich niedergeschlagen bin.

6. ☐ Ich möchte, dass man tut, was ich sage.

7. ☐ Ich brauche viel Zärtlichkeit.

8. ☐ Ich muss die Situation in der Hand haben.

9. ☐ Ich wünsche, man würde mich als Person respektieren.

10. ☐ Ich möchte Komplimente hören, wenn ich gut aussehe.

11. ☐ Ich möchte für meine Leistung anerkannt werden.

12. ☐ Ich habe nicht das Gefühl, viel wert zu sein.

13. ☐ Ich brauche dringend Zeit für mich allein.

14. ☐ Ich tue mehr für andere als ich zurückbekomme.

15. ☐ Ich brauche meine Ruhe.

16. ☐ Ich hoffe, man wird mich eines Tages so akzeptieren, wie ich bin.

17. ☐ Ich halte immer nach dem gemütlichsten Sessel Ausschau.

18. ☐ Ich wünsche, andere würden Kunst und Musik so schätzen wie ich.

19. ☐ Ich werde nervös, wenn meine Sachen durcheinander geraten.

20. ☐ Ich liebe Geld und wünsche, ich hätte eine unversiegbare Quelle davon.

Bewertung der Frustfaktoren
Teil 1

Ich bin frustriert, wenn

1. ☐ das Leben nicht glatt läuft.

2. ☐ das Leben keinen Spaß macht.

3. ☐ das Leben außer Kontrolle gerät.

4. ☐ das Leben ein Chaos ist.

5. ☐ ich unangenehme Dinge in Angriff nehmen muss.

6. ☐ ich krank, hilflos oder pleite bin.

7. ☐ mir innerer Schmerz unerträglich wird.

8. ☐ ich keine Zukunftsaussichten mehr habe.

Bewertung der Frustfaktoren
Teil 2

Wenn ich niedergeschlagen bin,

1. ☐ ziehe ich mich zurück.
2. ☐ klinke ich mich aus und lasse die Rollladen herunter.
3. ☐ arbeite ich mehr als sonst.
4. ☐ gehe ich bummeln.
5. ☐ lese ich, lerne ich oder gehe in mich.
6. ☐ treibe ich noch mehr Sport.
7. ☐ feiere ich mit Freunden und versuche, die Trübsal zu vergessen.
8. ☐ verschwinde ich ins Bett.
9. ☐ halte ich mich fern von Dingen, die ich nicht unter Kontrolle bekomme.
10. ☐ esse ich den Frust weg.
11. ☐ schalte ich den Fernseher ein.
12. ☐ esse und schlafe ich und ignoriere die anderen.

Bewertung des Energiepotentials

1. ☐ Ich werde beflügelt von Menschen, die mich mögen.
2. ☐ Ich habe gerade genug Energie, um den Tag zu überstehen.
3. ☐ Wenn ich könnte, würde ich jeden Tag ein Mittagsschläfchen halten.
4. ☐ Ich bin den ganzen Tag auf den Beinen.
5. ☐ Es baut mich auf, wenn andere mir zustimmen.
6. ☐ Ich schaffe mehr als die meisten Menschen.
7. ☐ Andere Menschen erschöpfen mich.
8. ☐ Ich brauche nur wenig Ruhe.
9. ☐ Ich brauche scheinbar mehr Ruhe als andere Menschen.
10. ☐ Hin und wieder breche ich einfach zusammen.

11. ☐ Ich bin aktiver als alle meine Freunde.
12. ☐ Ich werde zu normalen Zeiten müde.
13. ☐ Meine Stimmung wechselt schnell.
14. ☐ Ich brauche unbedingt Zeit für mich allein.
15. ☐ Ich setze mich gern hin, um klassische Musik zu hören.
16. ☐ Tatendrang ist nicht gerade meine Stärke.
17. ☐ Manche Leute finden mich hektisch.
18. ☐ Es strengt mich an, dynamische Menschen zu beobachten.
19. ☐ Wenn andere in meiner Nähe zu laut sind, muss ich gehen.
20. ☐ Ich könnte immer weitermachen.

Wenn Sie die drei Bewertungsbögen ausgefüllt haben, ziehen Sie in den Auswertungsbögen einen Kreis um die jeweils angekreuzten Ziffern. (Beachten Sie, dass die Ziffern entsprechend ihrer Zugehörigkeit zu einem Temperamentstyp unregelmäßig verteilt sind.) Wenn Sie beispielsweise die 1 und die 3 im Bewertungsbogen der Bedürfnisse angekreuzt haben, ziehen Sie im Auswertungsbogen einen Kreis um die 1 (unter gewinnender Sanguiniker) und einen um die 3 (unter gewaltiger Choleriker). Zählen Sie die Kreise unter jedem Temperamentstyp zusammen und tragen Sie die jeweiligen Summen in die Summenspalte ein. Wenn Sie die Auswertungsbögen ausgefüllt haben, errechnen Sie die Gesamtsummen für jeden Temperamentstyp, um zu erkennen, welchem emotionalen Typ Sie angehören.

Auswertung der emotionalen Bedürfnisse

Summe

gewinnender Sanguiniker
1, 7, 10, 16, 20   _____

gewaltiger Choleriker
3, 6, 8, 11, 14   _____

gründlicher Melancholiker
2, 5, 13, 18, 19 _____
gemütlicher Phlegmatiker
4, 9, 12, 15, 17 _____

Auswertung der Frustfaktoren
Teil 1

Summe

gewinnender Sanguiniker
2, 8 _____
gewaltiger Choleriker
3, 6 _____
gründlicher Melancholiker
1, 7 _____
gemütlicher Phlegmatiker
4, 5 _____

Auswertung der Frustfaktoren
Teil 2

Summe

gewinnender Sanguiniker
4, 7, 10 _____
gewaltiger Choleriker
3, 6, 9 _____
gründlicher Melancholiker
1, 5, 8 _____
gemütlicher Phlegmatiker
2, 11, 12 _____

Auswertung des Energiepotentials

	Summe
gewinnender Sanguiniker	
1, 4, 10, 13, 17	_____
gewaltiger Choleriker	
5, 6, 8, 11, 20	_____
gründlicher Melancholiker	
2, 12, 14, 15, 19	_____
gemütlicher Phlegmatiker	
3, 7, 9, 16, 18	_____

Ziehen Sie nun die Summen der jeweiligen Temperamentstypen zusammen:

Summe Sanguiniker	_____
Summe Choleriker	_____
Summe Melancholiker	_____
Summe Phlegmatiker	_____

Was haben Sie aus dieser Übung gelernt? Sie haben wahrscheinlich erstens festgestellt, dass Sie emotionale Bedürfnisse haben, die selten gestillt werden. Zweitens erkennen Sie vermutlich, dass die meisten Bedürfnisse auch Ihrem vorherrschenden Temperamentstyp entsprechen. Wenn sich Ihre Bedürfnisse, Ihre Frustfaktoren und Ihr Energiepotential über alle Temperamentstypen verteilen, kann es sein, dass Ihre Emotionen so stark sind, dass sie Ihr natürliches Temperament überschatten. Sollten Sie auf einem Bogen mehr als 10 Punkte angekreuzt haben, lesen Sie das Kapitel über Ablehnung und womöglich auch das über emotionale Probleme in der Kindheit besonders aufmerksam.

Eine normale Wertung wäre eine Konzentration der Kreuzchen auf einem Temperament oder eine Verteilung auf zwei (wie 10 Sanguiniker oder 7 Sanguiniker und 3 Choleriker). Die Tabelle zu emotionalen Bedürfnissen und Ängsten könnte Ihnen nähere Einsicht ermöglichen. Es werden dort weitere Bedürfnisse sowie typische Kontrollmechanismen und Ängste der verschiedenen Temperamentstypen beschrieben.

Emotionale Bedürfnisse und Ängste

sexuelle Bedürfnisse	Gründe für das Verlangen nach Alkohol oder Drogen	Kontroll-mechanismen	Ängste
		GEWINNENDER SANGUINIKER	
So sehr auf der Suche nach Liebe und Aufregung, dass er/sie am falschen Ort fündig werden könnte	Sucht nach Vergnügen Braucht einen Schub, um sich darstellen zu können Will sich aufmuntern	Kontrolliert durch Charme und Witz »Wart's nur ab, du wirst begeistert sein!«	Allein und unbeliebt zu sein Alt und hässlich zu werden Pleite zu gehen
		GRÜNDLICHER MELANCHOLIKER	
Sehnt sich nach einer echten, tiefen Beziehung Liebt Romantik bei Kerzenschein und Musik	Ist eher ein heimlicher Trinker Will Unvollkommenheit und Versagen übertünchen Will Kreativität fördern	Kontrolliert durch Laune »Ich verkrafte es nicht, wenn ... « »Nein, nicht das schon wieder!«	Fehler zu machen Im Anspruch Kompromisse schließen zu müssen. Versager zu sein

sexuelle Bedürfnisse	Gründe für das Verlangen nach Alkohol oder Drogen	Kontroll-mechanismen	Ängste
	GEWALTIGER CHOLERIKER		
Liebt die Eroberung mehr als die Treue Muss in der Beziehung die Hosen anhaben	Braucht ein Stärkungsmittel, wenn etwas außer Kontrolle gerät Will sich wieder stark fühlen	Kontrolliert durch die Androhung eines Wutausbruchs »Wenn du das noch einmal tust, raste ich aus!«	Die Kontrolle zu verlieren Krank zu sein Schwach zu werden
	GEMÜTLICHER PHLEGMATIKER		
Braucht einen, der ihn/sie wertschätzt und sich nicht lustig macht Braucht einen, der nicht zu viel Tatendrang verlangt	Will die Realität und den Konflikt ertränken, die Probleme verwischen Möchte Kraft sammeln, um es gebieterischen Leuten heimzu-zahlen	Kontrolliert durch Aufschieben »Wenn ich lange genug warte, wird es schon ein anderer tun.«	Unter Druck gesetzt zu werden Plötzlich allein der Aufgabe gegenüber-zustehen Sich einem Konflikt stellen zu müssen

Es ist ein Segen, wenn wir unsere emotionalen Bedürfnisse kennen. Wenngleich einige Aspekte auch Gefahren bergen, ist es doch gut, sich darüber bewusst zu sein. Es gibt nur wenige Menschen, die artikulieren können, was sie wirklich brauchen, um glücklich zu sein. Wenn wir unsere Bedürfnisse einmal erkannt haben, können wir einiges dazu tun, dass sie erfüllt werden können. **Wir können diese Bedürfnisse unseren Nächsten mitteilen.**

73

Ein Phlegmatiker erzählte uns begeistert: »Meine cholerische Frau kam von Ihrem Seminar wieder und erzählte mir, dass es ihr wichtig ist, für die geleistete Arbeit gelobt zu werden und zu hören, dass ich hinter ihr stehe. Ich hatte mich schon gewundert, warum sie bei der Hausarbeit so rabiat und rücksichtslos geworden war. Die Lösung war dann ganz einfach. Nun achte ich darauf, ihren Fortschritt zu würdigen, und wenn sie aufgebracht wird, biete ich ihr meine Hilfe an, damit sie sich nicht überarbeitet. Sie nimmt die Hilfe zwar meist doch nicht an, aber das Angebot ermutigt sie. Wenn ich vorher gewusst hätte, wie einfach es ist, sie glücklich zu machen, hätte ich viel früher begonnen, sie zu loben, anstatt alles als selbstverständlich zu erachten. Ermutigen Sie die Menschen weiterhin, ihren Partnern zu sagen, was sie brauchen, denn wir würden gern auf die Bedürfnisse eingehen, wenn wir nur wüssten, wie.«

Wir können Jesus unsere Bedürfnisse im Gebet darlegen.
Wir können diese Bedürfnisse aufschreiben und Gott die Defizite in unserer inneren Gesundheit bringen. Wir können ihn bitten, diese Defizite mit seiner Liebe auszugleichen und uns die Reife zu geben, die derzeitige Situation zu akzeptieren. Es ist erstaunlich, welchen Frieden wir bekommen, wenn wir ausdrücklich darum bitten. Leider kommen die meisten von uns gar nicht erst mit der ernst gemeinten Bitte zu Gott und erwarten auch keine Erhörung.

Wir können einen Therapeuten, Seelsorger oder Pastor aufsuchen.
Wenn Sie Hilfe brauchen, erklären Sie dem Therapeuten, dass Sie emotionale Probleme haben, die möglicherweise von unbefriedigten Bedürfnissen herrühren. Geben Sie vor dieser Person zu, dass Sie die Zusammenhänge bisher nicht erkannt hatten, nun aber bereit sind, sich wirklich ins Zeug zu legen.

Sie erkennen nun auch die Bedürfnisse anderer besser und können ganz neu darauf reagieren.

Anstatt durch das Leben zu wanken in der Erwartung, dass andere Menschen Ihre Bedürfnisse erraten, können Sie ihnen etwas Gutes tun. Sie müssen nur ihren Temperamentstyp einschätzen, an die jeweiligen emotionalen Bedürfnisse denken und sie mit entsprechenden Kommentaren aufbauen, zum Beispiel:

Für Sanguiniker: »Du siehst immer sehr gut aus und verbreitest so viel Vergnügen, es ist eine wahre Wonne, dir zuzuschauen!« — »Wo hast du nur deine Kleider her? Sie sind einfach wundervoll!«

Für Melancholiker: »Ich bewundere deine Tiefgründigkeit und deinen scharfen Verstand sehr. Ich schätze deine stillen Charakterstärken.«

Für Choleriker: »Es ist unglaublich, wie viel du an einem Tag schaffst, und ich bewundere, wie du in Stresssituationen einen kühlen Kopf bewahrst. Ich stehe hinter dir!«

Für Phlegmatiker: »Du bist einer der liebenswertesten Menschen, die ich kenne, und ich respektiere dich zutiefst. Du findest in aller Ruhe immer eine Lösung, wenn andere schon ganz aufgebracht sind.«

Nachdem wir über die emotionalen Bedürfnisse gelehrt haben, erhalten wir immer viele Briefe. »Endlich«, heißt es da oft, »wissen wir, wie wir mit den Menschen umgehen können, die so anders sind als wir.« Einer dieser Briefe war von Andrea: »Ich bin sanguinisch-cholerisch, meine Schwiegermutter melancholisch-phlegmatisch. Nachdem ich mich mit den Temperamentstypen beschäftigt habe, weiß ich nun, warum sie sich nie zu den vielen Vorschlägen geäußert hat, die ich ihr gemacht habe. Sie haben sie einfach überfordert!

Ich kam nach Hause und hatte mir euren Satz: ›Bist du bereit, auf ihre Bedürfnisse einzugehen?‹ hinter die Ohren geschrieben. Nun, da ich ihre Bedürfnisse kenne, bin ich fest entschlossen, diese

Frage auch auf mein Herz zu schreiben, denn ich möchte es wirklich. Wie oft habe ich in der Vergangenheit versucht, meine eigenen Bedürfnisse zu stillen — nun wende ich das Blatt: ich will *ihren* Bedürfnissen begegnen.«

Die Quelle des Übels zu finden, ist schon ein riesiger Schritt auf dem Weg zur Heilung. Es wird Ihnen bei der Suche nach einer echten Lösung sehr hilfreich sein.

3

Wie kommuniziere ich?

Eine der Kommunikationsbarrieren ist die platte Bemerkung: »Das haben wir schon versucht, es funktioniert nicht.« Wir reagieren auf diese Behauptung, indem wir nur nicken und uns anderen Dingen widmen. Früher oder später jedoch rächen sich die unterdrückten Gefühle mit Kopfschmerzen, Nervosität oder plötzlichen Wutausbrüchen, die alle um uns herum überraschen und überwältigen. In diesem Kapitel gehen wir auf einige Kommunikationsmuster der verschiedenen Temperamentstypen ein und machen ein paar Vorschläge, wie man mit den damit einhergehenden Problemen umgehen kann.

Sanguiniker

Der gewinnende Sanguiniker redet mit Vorliebe, hört aber ungern zu und fällt seinem Gesprächspartner immer wieder ins Wort. Der Sanguiniker hasst schlechte Nachrichten und wechselt schnell das Thema, sogar innerhalb eines schon begonnenen Satzes, wenn er Kritik beim anderen spürt. Wenn doch ein negativer Gedanke ausgesprochen werden muss, wird daraus ein Witz gemacht, was den anderen, oft ein ernster Ehepartner, zur Verzweiflung bringen kann. Dieser denkt dann: »Es hat überhaupt keinen Sinn, irgendetwas Wichtiges besprechen zu wollen.« Dieses Verhalten ist das natürliche Ablenkungsmanöver des Sanguinikers, der Probleme überspielen möchte. Es ist ihm auch gleich, ob er für dumm gehalten wird, wenn er nur schlau genug ist, Verantwortung und Kritik zu umgehen.

Die beste Art, den Sanguiniker mit der unangenehmen Wahrheit zu konfrontieren ist, ihn schon am Vortag vorzuwarnen: »Morgen Abend müssen wir uns über unser überzogenes Konto unterhalten.« Der Gedanke daran, der nackten Wahrheit ins Gesicht sehen zu müssen, wird den Sanguiniker so aus der Fassung bringen, dass bis zum Termin die Verteidigungswälle gefallen sein werden. (Außerdem hat er oder sie auch Zeit, unnötige Käufe schnell noch rückgängig zu machen, Geld in Jackentaschen zu finden und Scheine aus Büchern herauszufischen, wo sie als Lesezeichen dienten!) Erlauben Sie Sanguinikern nicht, vom Thema abzulenken oder die Situation schönzureden. Sie haben ein schlechtes Gedächtnis, werden leicht abgelenkt und hassen es, sich rechtfertigen zu müssen. Wenn man ihre Schwächen jedoch einschätzen kann, wird eine zunächst hoffnungslose Situation in ein positives Erlebnis verwandelt.

Wenn Sie Sanguiniker sind, der dazu neigt, sich vor den Tücken des Lebens ins Vergnügen zu flüchten, dann ist es an der Zeit, erwachsen zu werden, der Wahrheit ins Gesicht zu sehen und zuzuhören, was andere zu sagen haben. Fred formuliert es so: »Wenn du redest, lernst du nichts, denn was du selbst aussprichst, das weißt du schon.« Also: hören Sie zu und lernen Sie!

Melancholiker

Der gründliche Melancholiker ist das krasse Gegenteil vom Sanguiniker. Sanguiniker reden, ob sie etwas Weltbewegendes zu sagen haben oder nicht; Melancholiker schweigen, auch wenn sie die richtige Antwort haben! Ihre Gedanken sind so tiefgründig, dass der Partner weit nach unten greifen muss, um sie hervorzuholen. Früher sagte Fred: »Wenn du mich lieben würdest, wüsstest du, was ich denke.«Diese Aussage belastet den anderen unberechtigterweise, der keinen blassen Schimmer von den Gedanken des Melancholikers hat. Weiter geht's in altbewährter Loriot'scher Weise:

Sanguiniker: Was hast du denn?
Melancholiker: Nichts. (Das ist immer die Antwort.)
Sanguiniker: Doch, irgendwas stimmt nicht.
Melancholiker: Alles ist in bester Ordnung.
Sanguiniker: Das stimmt nicht! Sag es mir! Spann mich nicht so auf die Folter! (Sanguiniker können Spannung nicht ausstehen.)
Melancholiker: Wenn ich es dir sage, lachst du mich sowieso nur aus.
Sanguiniker: Ich lache nicht.
Melancholiker: Doch, das tust du immer.
Sanguiniker: Ich verspreche dir, ich lache nicht.
Melancholiker: Es hat mich verletzt, dass du unserem Nachbarn gesagt hast, ich hätte keinen Sinn für Humor.
Sanguiniker: So was Komisches hab ich ja noch nie gehört! Warum bist du denn so pikiert über die Wahrheit?
Melancholiker: Ich sage dir nie wieder etwas.

Klingt das vertraut? Beide Seiten müssen an ihren Kommunikationsmustern arbeiten:
— Der Sanguiniker muss zuhören und darf nicht lachen.
— Der Melancholiker muss gleich mit seinem Anliegen herausrücken, ohne die Geduld des Gesprächspartners auf die Probe zu stellen.
— Der Sanguiniker muss sich für seine Gedankenlosigkeit entschuldigen.
Mit diesen Parametern im Hinterkopf spielen wir die Szene noch einmal durch:

Sanguiniker: Was hast du denn?

Melancholiker: Ich habe gerade über deine Bemerkung von heute Morgen nachgedacht.

Sanguiniker: Was hab ich denn gesagt?

Melancholiker: Dass ich keinen Sinn für Humor hätte.

Sanguiniker: Hinterher hab ich gemerkt, dass das vielleicht nicht so klug war. Bitte verzeih mir.

Melancholiker: Danke, ich verzeihe dir.

Es ist doch so viel einfacher, wenn jeder sich deutlich und taktvoll ausdrückt.

Choleriker

Gewaltige Choleriker lassen am schwersten mit sich reden, da sie immer Recht haben. Sie finden es sinnlos, über verschiedene Herangehensweisen zu diskutieren, da es nur eine offensichtlich richtige gibt, nämlich ihre eigene. »Wenn du nur tun würdest, was, wie und wann ich es dir sage, würden wir sehr gut zurechtkommen.« Das stimmt, wenn wir es mit Robotern zu tun haben: Auf Knopfdruck läuft alles so, wie wir es programmiert haben. Aber was ist, wenn der Choleriker mit echten Menschen zusammenlebt, die einen Verstand haben und finden, man könnte ihre Sichtweise auch einmal berücksichtigen?

Wenn Sie unter dem Pantoffel eines Cholerikers stehen, versuchen Sie es doch einmal so:

»Ich bin sehr froh, mit jemandem leben zu können, der immer Recht hat und fair denkt. Weil du ein gerechter Mensch bist, möchte ich dir etwas sagen, auch wenn es unwichtig ist. Du brauchst mir auch nicht sofort zu antworten. Schlaf nochmal drüber, ich werde dich am Montag wieder daraufhin ansprechen.«

Diese Herangehensweise kommt dem Choleriker mit seinem starken Empfinden für Recht und Fairness entgegen. Indem die

Antwort nicht sofort gegeben werden muss, verhindert man eine kurzentschlossene Lösung, die keinen Raum für Diskussion mehr lässt. Stattdessen hat die Person Zeit, sich Ihre Meinung wirklich durch den Kopf gehen zu lassen.

Wenn Sie Choleriker sind, müssen Sie erkennen, dass Sie, auch wenn Sie gewöhnlich im Recht sind, anderen die Möglichkeit geben müssen, ihre Meinung auszusprechen, ohne sie gleich abzutun. Wenn Sie mutig sind, fragen Sie doch Ihre Familie: »Habt ihr das Gefühl, ich übergehe euch, wenn ich etwas sage?« Beobachten Sie die entsetzten Gesichter, während sie überlegen, ob sie die Wahrheit sagen und eine Zurechtweisung riskieren sollen. Ermutigen Sie die anderen dazu mitzureden, wenngleich Sie deren Ansichten nicht zu brauchen meinen. Weil es jedoch eine Ihrer Schwächen ist, vorschnell zu handeln, tun Sie sich selbst einen Gefallen, wenn Sie andere ausreden lassen. Die Menschen werden Sie eher respektieren, wenn Sie ihnen zuhören. Schöner ist, wenn Menschen aus freiem Willen Ihren Anweisungen folgen, als wenn sie es aus Angst tun. Und außerdem: es ist schwer, jemanden zu lieben, vor dem man Angst hat.

Phlegmatiker

Gemütliche Phlegmatiker sind am einfachsten im Umgang, weil sie nach Harmonie streben. Sie sind die besten Zuhörer, unterbrechen den anderen nicht und haben ausgeglichene Meinungen. Sie bestehen nicht auf ihrem Standpunkt. Dies ist besonders in einer Partnerschaft mit einem Choleriker ein wichtiger Wesenszug! Problematisch wird es dann, wenn der Choleriker schon so lange alle Entscheidungen getroffen hat, dass der Phlegmatiker gar nichts mehr äußert. Dies kann zweierlei Folgen haben: Entweder der Phlegmatiker fühlt sich wertlos und zieht sich in ein Mauseloch der Schweigsamkeit zurück, oder der Choleriker denkt sich:

»Wozu brauche ich diese Person überhaupt? Seit Jahren hat sie keinen sinnvollen Gedanken mehr gehabt.« In beiden Fällen kann die Kommunikation in einer Partnerschaft zum eintönigen »Salz bitte« verkümmern.

Um dieses Endstadium der Langeweile zu verhindern, muss der Phlegmatiker es riskieren, eine Meinung abzugeben, wenngleich er damit die Harmonie kurzzeitig aufs Spiel setzt. Der Choleriker muss zuhören und lernen, dass auch der Phlegmatiker eventuell einen beachtenswerten Gedanken hat.

Als Phlegmatiker sollten Sie wissen, dass man, wenn es Ihnen immer egal ist, ob Sie Kaffee oder Tee wollen, Sie nach einer Weile nicht mehr fragt. Es wird Ihnen einfach eine Tasse gereicht mit den Worten: »Hier, trink das.« Wenn Sie es mit einem gemütlichen Phlegmatiker zu tun haben, fordern Sie ihn oder sie zu einer Entscheidung heraus und respektieren Sie diese. Sonst werden Sie es auf die Dauer mit einem willenlosen Roboter zu tun haben.

Weiterhin ist beim Phlegmatiker zu beachten, dass er einen eisernen Willen hat. Oberflächlich mag er: »Ja« sagen, aber innerlich denkt er sich: »Du wirst schon sehen.« Seine Art der Kontrolle ist es, Dinge hinauszuzögern: »Wenn ich lange genug warte, wird es schon ein anderer tun.« Wiederum muss die Lösung von beiden Seiten ausgehen: Der Choleriker muss das Vorgehen zur Diskussion stellen und nicht nur Anweisungen geben. Der Phlegmatiker muss in Aktion treten, statt auf das unvermeidbare Ende zu warten und den Choleriker zu verärgern.

Im Folgenden finden Sie noch einige Kommunikationstipps für die vier Temperamentstypen:
— *gewinnender Sanguiniker:* Lerne zuzuhören, unterbrich den anderen nicht, spiele nicht alles herunter. Akzeptiere, dass das Leben nicht nur ein Spiel ist. Werde erwachsen, stelle dich der Realität und erwarte nicht, dass andere dich vor allem Unheil schützen.

— *gründlicher Melancholiker:* Nimm nicht alles persönlich. Spiele nicht Dreimal-Darfst-Du-Raten mit deinem Partner, bis du eine Antwort gibst. Erkenne, dass das Leben vielleicht nicht ganz so aussichtslos ist, wie es dir gerade erscheint.

— *gewaltiger Choleriker:* Erwarte nicht, dass alle immer von deinen Vorschlägen begeistert sind. Glaube nicht, alles zu wissen. Höre auf die Meinung anderer, ohne sie gleich abzutun. Erzürne nicht, wenn andere dir nicht zustimmen, sie könnten Recht haben.

— *gemütlicher Phlegmatiker:* Sage, was du denkst, triff deine Entscheidungen, handle. Zaudere nicht zu sehr und erwarte nicht, dass andere deine Arbeit tun. Traue dich, auch mal ein Risiko einzugehen. Du hast wahrscheinlich die beste Idee von allen.

Welches auch Ihr Temperament sein mag, nun wissen Sie, wo die Kommunikationsschwierigkeiten anderer Menschen liegen und können zur Abhilfe beitragen. Für ein befriedigendes Zwiegespräch ist mehr als nur einer nötig. Darum wird es weiter im Kapitel um die Kommunikation mit der Person gehen, die Ihnen vermutlich am nächsten steht: Ihrem Ehepartner.

Kommunikation in der Ehe
Teil A

Wie gut ist die Kommunikation zwischen Ihnen und Ihrem Ehepartner? Kommunikation heißt nicht nur Reden. In manchen Ehen reden beide miteinander, ohne jemals ihre innersten Gefühle zu offenbaren. Sie teilen einander ihre Verletzungen, Schmerzen und Ängste nicht mit, weil sie fürchten, eine Lawine auszulösen oder lächerlich gemacht zu werden. Manche Ehepartner teilen einander auch ihre Erfolge und Freuden nicht mit, weil sie befürchten, das könnte auf das ohnehin schon geringe Selbstwertgefühl des anderen schlagen, der ihnen dann wiederum ein schlechtes Gewissen macht, dass es ihnen gut geht.

Gute Kommunikation in der Ehe bedeutet, Empfindungen, Gedanken und Ideen äußern zu können in dem Vertrauen, dass sie offen aufgenommen werden. In einer gesunden Ehe können Standpunkte ohne Angst vor Ablehnung oder Strafe ausgetauscht werden.

Um herauszufinden, wie gut Sie einander verstehen und aufeinander eingehen, füllen Sie zunächst den folgenden Fragebogen aus. Die Frau sollte nur den Teil für Ehefrauen beantworten, der Mann nur den für Ehemänner. Beantworten Sie Ihre Fragen, ohne nach den Antworten des Partners zu schielen.

Fragebogen zur Kommunikation:
Teil 1 für Ehefrauen

Zur Erinnerung: Veränderung ist unvermeidbar.
Wachstum ist wünschenswert.

Anweisungen: Bewerten Sie jede Aussage mit einer Note zwischen 0 und 4. Dabei gilt:

Die Aussage trifft

  0 — fast nie
  1 — selten
  2 — manchmal
  3 — oft
  4 — fast immer zu.

1. Mein Mann ist bereit, mir zuzuhören,
   wenn ich mit ihm reden will.   _____

2. Ich bin bereit, zuzuhören, wenn mein Mann mit
   mir reden will.   _____

3. Mein Mann ist mitfühlend und verständnisvoll, wenn ich mit ihm über meine innersten Gefühle sprechen möchte. _____

4. Ich bin mitfühlend und verständnisvoll, wenn mein Mann mit mir über seine innersten Gefühle sprechen möchte. _____

5. Mein Mann braucht seine Worte nicht sorgfältig zu wählen, damit ich nicht zornig oder bestürzt werde. _____

6. Ich brauche meine Worte nicht sorgfältig zu wählen, damit mein Mann nicht zornig oder bestürzt wird. _____

7. Mein Mann und ich haben interessante Gesprächsthemen. _____

8. Ich bin mit den Bemühungen meines Mannes, meine sexuellen Bedürfnisse zu erfüllen, zufrieden. _____

9. Mein Mann ist mit meinen Bemühungen, seine sexuellen Bedürfnisse zu erfüllen, zufrieden. _____

10. Wir können offen über unsere Gedanken und Gefühle zur Sexualität reden. _____

11. Mein Mann ist mein bester Freund. Ich kann meine Verletzungen und Niederlagen mit ihm teilen. _____

12. Ich kann meinem Mann meine Gefühle mitteilen, auch wenn sie nicht mit seinen übereinstimmen. _____

13. Wir lassen einander ausreden. _____

14. Mein Mann redet selten schlecht oder herablassend über mich. _____

15. Ich rede selten schlecht oder herablassend über meinen Mann. _____

16. Mein Mann kritisiert oder korrigiert mich selten. _____

17. Ich kritisiere oder korrigiere meinen Mann selten. _____

18. Ich ermutige meinen Mann und betone, dass er mir wertvoll und wichtig ist. _____

19. Mein Mann ermutigt mich und betont, dass ich ihm wertvoll und wichtig bin. _____

20. Wir besprechen Familienangelegenheiten miteinander und treffen dann Entscheidungen, die wir beide vertreten können. _____

21. Mein Mann versteht und respektiert mein gelegentliches Bedürfnis nach Ruhe und Alleinsein. _____

22. Mein Mann entschuldigt sich schnell, wenn er mich verletzt hat. _____

23. Ich entschuldige mich schnell, wenn ich meinen Mann verletzt habe. _____

24. Wir können unser geistliches Leben miteinander besprechen. _____

25. Ich meine, die emotionalen Bedürfnisse meines Mannes recht gut zu kennen. _____

Gesamt _____

Heutiges Datum: _____

Fragebogen zur Kommunikation
Teil 1 für Ehemänner

Zur Erinnerung: Veränderung ist unvermeidbar.
Wachstum ist wünschenswert.

Anweisungen: Bewerten Sie jede Aussage mit einer Note zwischen 0 und 4. Dabei gilt:
Die Aussage trifft
    0 — fast nie
    1 — selten
    2 — manchmal
    3 — oft
    4 — fast immer zu.

1. Ich bin bereit, zuzuhören, wenn meine Frau mit mir reden will. _____

2. Meine Frau ist bereit, mir zuzuhören, wenn ich mit ihr reden will. _____

3. Ich bin mitfühlend und verständnisvoll, wenn meine Frau mit mir über ihre innersten Gefühle sprechen möchte. _____

4. Meine Frau ist mitfühlend und verständnisvoll, wenn ich mit ihr über meine innersten Gefühle sprechen möchte. _____

5. Ich brauche meine Worte nicht sorgfältig zu wählen, damit meine Frau nicht zornig oder bestürzt wird. _____

6. Meine Frau braucht ihre Worte nicht sorgfältig zu wählen, damit ich nicht zornig oder bestürzt werde. _____

7. Meine Frau und ich haben interessante Gesprächsthemen. _____

8. Meine Frau ist mit meinen Bemühungen, ihre sexuellen Bedürfnisse zu erfüllen, zufrieden. _____

9. Ich bin mit den Bemühungen meiner Frau, meine sexuellen Bedürfnisse zu erfüllen, zufrieden. _____

10. Wir können offen über unsere Gedanken und Gefühle zur Sexualität reden. _____

11. Meine Frau ist meine beste Freundin. Ich kann meine Verletzungen und Niederlagen mit ihr teilen. _____

12. Meine Frau kann mir ihre Gefühle mitteilen, auch wenn sie nicht mit meinen übereinstimmen. _____

13. Wir lassen einander ausreden. _____

14. Ich rede selten schlecht oder herablassend über meine Frau. _____

15. Meine Frau redet selten schlecht oder herablassend über mich. _____

16. Ich kritisiere oder korrigiere meine Frau selten. _____
17. Meine Frau kritisiert oder korrigiert mich selten. _____
18. Meine Frau ermutigt mich und betont, dass ich ihr
    wertvoll und wichtig bin. _____
19. Ich ermutige meine Frau und betone, dass sie mir
    wertvoll und wichtig ist. _____
20. Wir besprechen Familienangelegenheiten
    miteinander und treffen dann Entscheidungen,
    die wir beide vertreten können. _____
21. Meine Frau versteht und respektiert mein
    gelegentliches Bedürfnis nach Ruhe und Alleinsein. _____
22. Ich entschuldige mich schnell, wenn ich meine
    Frau verletzt habe. _____
23. Meine Frau entschuldigt sich schnell, wenn sie
    mich verletzt hat. _____
24. Wir können unser geistliches Leben miteinander
    besprechen. _____
25. Ich meine, die emotionalen Bedürfnisse meiner Frau
    recht gut zu kennen. _____

                                    Gesamt _____

Heutiges Datum: _____

Vergleichen Sie nun Ihre Bewertungen der Fragen. Wenn beide Partner eine Gesamtsumme von 100 haben, verstehen Sie sich sehr gut. Jede niedrigere Summe bedeutet, dass Sie etwas zu besprechen haben! Jeder Unterschied von zwei oder mehr Punkten bei einer Aussage müsste so bald wie möglich besprochen werden. Besprechen heißt auf die Worte und Gefühle des Partners hören. Bei Gefühlen gibt es kein richtig oder falsch. *Sie müssen Ihrem Ehepartner erlauben, seine oder ihre Gefühle auszusprechen, und zwar ohne zu unterbrechen, zu korrigieren, zu kritisieren oder zu widersprechen.* Jeder Abstrich hiervon erstickt bedeutsame Kommunikation.

Sollten Sie nicht in der Lage sein, diese Aussagen wegen Ärger, Uneinigkeit oder Unwillen zu besprechen, könnten Sie beide von der Hilfe eines erfahrenen, objektiven Therapeuten oder Seelsorgers profitieren.

Wichtig: Bevor Sie miteinander über die einzelnen Aussagen sprechen, lesen Sie folgende Hinweise aus der Bibel (Philipper 2):

Vers 3: »Weder Neid noch blinder Ehrgeiz sollen euer Handeln bestimmen. Im Gegenteil, denkt von euch selbst gering, und achtet den anderen mehr als euch selbst.«

Vers 5: »Orientiert euch an Jesus Christus.«

Vers 7: »Er verzichtete auf seine Vorrechte und wurde rechtlos wie ein Sklave.«

Und lesen und beherzigen Sie die beiden folgenden Kommunikationsregeln.

Die zwei Kommunikationsregeln

1. Sie müssen es Ihrem Partner ermöglichen, seine oder ihre Gefühle auszusprechen, und zwar ohne zu unterbrechen, zu korrigieren, zu kritisieren oder zu widersprechen. Jeder Abstrich hiervon erstickt bedeutsame Kommunikation.

2. Verwenden Sie nie »Du-Sätze« wie: »Du hast gesagt . . . « oder: »Du hast mich angestarrt« oder: »Du bist böse geworden« oder: »Du hast mich lächerlich gemacht«. Greifen Sie stattdessen auf »Ich-Sätze« zurück wie: »Ich war verletzt« oder: »Ich habe das Gefühl, ich bin für dich nichts wert« oder: »Ich fühle mich lächerlich gemacht«. Jeder Mensch hat Gefühle, wenngleich manche (wie einst auch Fred) ihre Verletzungen aus der Vergangenheit so vollständig unterdrückt haben, dass sie gar keine Gefühle zu haben scheinen. Sie sitzen mit versteinertem Gesicht da und reagieren auf gar nichts. Ihre natürlichen Gefühle sind tot. Wenn Ihnen das

bekannt vorkommt, lesen Sie auf jeden Fall das Kapitel 7 über Gefühle und Erfahrungen.

Jeder Mensch hat das Recht auf Gefühle und Emotionen. Sogar Jesus hat seinen Gefühlen Ausdruck gegeben. (Eine interessante Studie über Jesu Gefühlswelt wäre die Lektüre von Mt. 26, 37 - 39; Joh. 11, 35. 38; 12, 27; 13, 21 und Hebr. 5, 7.)

Es zeugt weder von besonderer geistlicher Reife, noch ist es weise, seine wahren Gefühle zu verbergen. Es ist jedoch genauso wenig geistlich oder weise, sie in einem Wutausbruch auf jemand anderen abzuladen. Gefühle müssen auf angebrachte Weise ausgedrückt werden, ohne einen anderen zu verletzen. Indem Sie die Übungen zur Kommunikation in diesem Buch sorgfältig durchgehen und dabei die beiden Regeln:

1. Ausreden lassen
2. Keine »Du-Sätze«

beachten, werden Sie die Fähigkeit entwickeln, Ihre Gefühle angemessen und sinnvoll zu äußern.

Fast alle Paare kämpfen damit, ihre Gefühle und Verletzungen einander so mitzuteilen, dass keine Mauern aufgebaut werden, die schließlich jede Kommunikation unmöglich machen. In Ihrer Ehe wird es nicht anders sein. Der Unterschied ist nur, wann Sie *lernen*. Wir haben jahrelang gekämpft bis wir *lernten*, und zwar zunächst die beiden Grundregeln, dann wie wir einander zuhören können, dann wie wir heraushören können, was der andere wirklich empfindet. Schließlich gelangten wir an einen Punkt, wo wir unsere eigenen Empfindungen aussprechen konnten, ohne einen Rückschlag befürchten zu müssen, und zu guter Letzt *lernten* wir, einander zu ermutigen und aufzubauen. Jetzt können wir einander wirklich alles sagen. (Immer noch beachten wir dabei Zeitpunkt und Stimmung, um nicht mit gedankenlos hingeworfenen Worten den anderen zu verletzen.) Nach vierzig Jahren Ehe haben wir *gelernt*, einander zu genießen, Spaß miteinander zu haben, verliebt zu sein! Einen der entscheidenden Schritte taten wir, als wir *lernten*, miteinander zu kommunizieren.

Paulus schreibt in Philipper 4, 11: »Ich habe gelernt, in allen Lebenslagen zurechtzukommen.« Auch Paulus musste daran arbeiten. Er musste es *lernen*; es kam ihm nicht zugeflogen. Richtiges Kommunizieren zu lernen kann sehr lange dauern, besonders wenn man schon seit Jahren ungesunde Muster eingeübt hat. Erwarten Sie keine Veränderung von heute auf morgen, sondern beginnen Sie, daran zu arbeiten. Gewohnheitsmuster, die Ihr Verhalten seit Jahren prägen, lassen sich nicht so schnell ablegen. Verletzungen, die über Jahre hinweg zugefügt wurden, lassen sich nicht schlagartig verarbeiten und heilen. Heilung ist kein Ereignis, sie ist ein Prozess.

Der Fragebogen zur Kommunikation, den Sie in diesem Kapitel ausgefüllt haben, wird Ihnen offenbaren, wo Sie in Ihrer Beziehung Mauern errichtet haben. Das Geschriebene wird besser für sich sprechen, als wenn Sie einander emotionsgeladene Worte an den Kopf werfen. Eine Differenz von zwei oder mehr Punkten bei einer Aussage deutet darauf hin, dass Sie sehr unterschiedliche Empfindungen zu ein und demselben Thema haben. Nehmen Sie sich Zeit, die Gründe dafür herauszubekommen. Lassen Sie den Gedanken zu, dass es zum Teil auch auf Ihre eigene Handlungsweise in der Vergangenheit zurückzuführen sein könnte. Unter Umständen ist nicht nur Ihr Partner schuld daran, dass die Tür zugeknallt und jede Aussprache abgeblockt wurde.

Beschließen Sie jetzt gemeinsam, die Tür wieder zu öffnen. Betrachten Sie einander aus einer neuen Perspektive. Fragen Sie sich: »Was habe ich dir angetan, dass du mich abgewiesen hast? Wie kann ich dir ein Gefühl der Geborgenheit verleihen, in der du dich frei äußern kannst? Kann auch ich meinen innersten Gefühlen Ausdruck verleihen, ohne gleich wieder die Tür vor der Nase zugeknallt zu bekommen?«

Dieser Fragebogen ist eine wertvolle Hilfestellung, wenn Sie ihn denn verwenden wollen. Er kann Ihnen helfen, Ihre Ehe auf das Maß an Intimität zu bringen, wie Gott es sich gedacht hatte. Nun sind Sie bereit für den zweiten Teil der Erhebung »Kommunikation in der Ehe«.

Kommunikation in der Ehe
Teil 2

Wiederum gibt es separate Fragebögen für Ehemänner und Ehefrauen. Füllen Sie wieder Ihren Bogen aus, ohne zu »spicken«, was der Partner geschrieben hat; Sie können Ihre Antworten auch auf ein Extrablatt schreiben.

Wenn jeder alle fünf Bereiche ausgefüllt hat, vereinbaren Sie einen Termin, zu dem Sie sich Zeit nehmen, die jeweiligen Antworten und Empfindungen dazu zu besprechen. Wiederum gelten die beiden Grundregeln: *Ausreden lassen* und *keine »Du-Sätze«*.

Fragebogen zur Kommunikation:
Teil 2 für Ehefrauen

A. Die beiden Temperamentsschwächen meines Mannes, wo ich mir am meisten Veränderung wünsche, sind:
   1) _____
   2) _____
B. Die beiden Temperamentsschwächen in mir, wo mein Mann sich am meisten Veränderung wünscht, sind:
   1) _____
   2) _____
C. Die drei wichtigsten emotionalen Bedürfnisse, die ich von meinem Mann erfüllt wissen möchte, sind:

1) _____

2) _____

3) _____

D. Die drei wichtigsten emotionalen Bedürfnisse meines Mannes, die er von mir erfüllt wissen möchte, sind:

    1) _____

    2) _____

    3) _____

E. Drei Themen, die wir meines Erachtens nicht miteinander besprechen können, sind:

    1) _____

    2) _____

    3) _____

Fragebogen zur Kommunikation:
Teil 2 für Ehemänner

A. Die beiden Temperamentsschwächen meiner Frau, wo ich mir am meisten Veränderung wünsche, sind:

    1) _____

    2) _____

B. Die beiden Temperamentsschwächen in mir, wo meine Frau sich am meisten Veränderung wünscht, sind:

    1) _____

    2) _____

C. Die drei wichtigsten emotionalen Bedürfnisse, die ich von meiner Frau erfüllt wissen möchte, sind:

    1) _____

    2) _____

    3) _____

D. Die drei wichtigsten emotionalen Bedürfnisse meiner Frau, die sie von mir erfüllt wissen möchte, sind:

1) _____
2) _____
3) _____

E. Drei Themen, die wir meines Erachtens nicht miteinander besprechen können, sind:

1) _____
2) _____
3) _____

Um Ihren Fortschritt verfolgen zu können, entscheiden Sie sich jetzt, die Fragen in drei Monaten noch einmal durchzugehen. Setzen Sie sich dafür jetzt schon einen Termin und notieren Sie ihn im Kalender. Hüten Sie ihn. Für beide ist er wichtig. Lassen Sie nicht zu, dass irgendetwas weniger Wichtiges Ihren Fortschritt hemmt. Sie werden möglicherweise über die Entwicklung freudig überrascht sein. Vermutlich werden Sie Bereiche entdecken, die noch weiter verbessert werden können. Lenken Sie Ihre Bemühungen dann auf diese Bereiche. Sie werden froh darüber sein!

Veränderung

Wenn ein Paar Eheberatung sucht, müssen beide bereit sein, zuzuhören, sich selbst zu verändern und nicht dem anderen die Schuld in die Schuhe zu schieben. Nach Seminaren sind Paare schon oft zu uns gekommen und wollten beweisen, dass die Schuld beim anderen lag. Mitunter wurden beide dabei immer lauter in dem verzweifelten Versuch, eher gehört zu werden. Wenn das schon vor einem unschuldigen Dritten passiert, der seine Hilfe anbietet, wie wird es wohl zu Hause sein, wenn die beiden unter sich sind! Wenn jeder versucht, die Oberhand zu gewinnen, werden beide schließlich unterliegen.

In seinem Buch *Fühl dich gut. Angstfrei mit Depression umgehen*, geht der Psychiater David Burns darauf ein, dass in Problemehen einer der beiden Partner häufig veränderungsunwillig und sehr zornig ist, sich selbst nur als Opfer sieht und für seinen oder ihren eigenen Anteil am Problem blind ist. Der Preis für Nähe ist die Aufgabe von Zorn und Feindseligkeit.

Obwohl Dr. Burns es nicht erwähnt, wissen wir, dass es schwierig ist, ohne die Kraft des Heiligen Geistes in unserem Leben Zorn und Feindseligkeit aufzugeben. Wir stimmen jedoch darin mit ihm überein, dass Intimität in der Ehe das Ablegen von Zorn und Feindseligkeit voraussetzt. Es gibt wenig Hoffnung auf einfühlsame Kommunikation, wenn wir wütend sind. Oft rührt unsere Feindseligkeit von unserer Kindheit her und ist gar nicht vom Partner verschuldet. Wenn es bei diesem Gedanken bei Ihnen klingelt, werden Sie sicher von den zusätzlichen Anregungen in den Kapiteln über Kindheitserfahrungen profitieren.

Die sportliche Sarah auf unserer Frauenfreizeit war eine Cholerikerin, die wusste, wenn sie nur einen anderen Mann hätte, wäre sie glücklich. Wie sie sagte: »Sogar der Pastor gab zu, dass er langweilig ist.« Überraschenderweise hörten wir nach dem Wochenende noch einmal von ihr: Es kam ein Brief, in dem sie beschrieb, wie erkenntnisreich die Lektüre des Buches *Einfach Typisch!* für sie war, weil sie erkannte, dass es noch andere Menschen wie sie und ihren Mann gab.

»Nun, da ich erkannt habe, dass mein Mann ein reinrassiger Phlegmatiker ist, ruhig und ausgeglichen, sehe ich ihn mit anderen Augen«, schrieb sie. »Es war mir nicht bewusst, dass zwei von meiner Sorte für eine Ehe vielleicht zu viel sein könnten. Als ich meinem Mann erzählte, ich hätte herausgefunden, was er für ein Temperament hat, und dass es gut so ist, fiel er fast vom Sofa!

›Ich dachte, du denkst, ich hätte gar keinen Charakter‹, sagte er.

Ich erklärte, dass ich das früher tatsächlich gedacht hatte, nun aber festgestellt hätte, dass anders nicht gleich falsch ist.

Ein Lächeln breitete sich über sein Gesicht aus und hat es seitdem nicht verlassen. Er hat mir sogar Blumen ins Studio schicken lassen – können Sie sich das vorstellen?«

Ja, wir können uns das vorstellen, weil wir täglich Post bekommen von Menschen, deren Leben sich geändert hat aufgrund des Verständnisses der verschiedenen Temperamentstypen.

Wir bekamen später einen weiteren Brief, in dem Sarah erzählte, dass sie mit ihrem Mann die Fragebögen zur Kommunikation in der Ehe durchgegangen sei, und dass sie zwei Monate zuvor nie auf die Idee gekommen wäre, mit ihrem Mann etwas zu tun, wo er sich hätte äußern müssen.

»Nun, da ich meine Persönlichkeitsstruktur verstehe«, schrieb sie, »weiß ich, dass ich ihm nie eine Chance gegeben hatte. Sobald er einen Satz begann, sprang ich ein und beendete ihn. Kein Wunder, dass er so wenig sprach!

Als ich die erste Kommunikationsregel las und merkte, dass ich meinen Mann seine Gefühle ausdrücken lassen und ihn nicht unterbrechen sollte, musste ich feststellen, dass ich das noch *nie* getan hatte. Ich war so sehr darauf bedacht zu sagen, was ich fand, dass ich ihm immer ins Wort gefallen war. Und er hatte gelernt, still zu sein und nichts zu sagen. Das war einfacher, als seine Meinung zu vertreten. Und ich dachte, er hätte nichts zu sagen und wäre langweilig.

Nun beiße ich mir auf die Zunge und entdecke, dass er immer noch diesen trockenen Humor hat, den ich zu Anfang unserer Beziehung an ihm so geliebt hatte. Er ist gar nicht so eintönig wie ich dachte. Vielleicht gibt es noch andere Frauen wie mich. Sagen Sie ihnen, sie sollen ihre Männer zum Reden ermutigen und ihnen auch zuhören. Mein Mann ist so begeistert von den Fragebögen zur Kommunikation in der Ehe, dass er sie überall weiterempfiehlt. Er ist selbst quasi zum Seelsorger geworden. Es geschehen doch Wunder über Wunder!«

Ist es nicht erstaunlich, was eine kleine Übung alles ausrichten kann? Das Geheimnis liegt in der Durchführung. Es geschieht

selten genug, dass Menschen sich hinsetzen und in einem förder-
lichen Umfeld ihre Gedanken austauschen. Stattdessen sehen sie
fern, gehen bummeln, treiben Sport (wie Sarah), besuchen Freunde und chauffieren die Kinder umher. Sie stellen sich nur nicht
ihren Eheproblemen. Dafür haben sie die alte Entschuldigung:
»Das haben wir schon versucht, es funktioniert nicht.«

Nehmen Sie sich die Zeit, sich mit Ihren Temperamentstypen
zu befassen und Gefühle auszutauschen. Nutzen Sie dazu die Fragebögen zur Kommunikation. Wer weiß, womöglich ist dies eine
Wasserscheide für Ihre Ehe.

Sarah formuliert es so: »Ich habe viele Bücher gelesen, aber ich
wollte mit dem Wissen immer andere Leute zurechtbiegen. Nun
beginne ich an mir selbst zu arbeiten — mein Mann ist begeistert.«

Eltern-Teenager-Kommunikation

Unsere Tochter Marita hatte als Teenager eine Freundin, die auf
die Fragen ihrer Mutter immer die richtige Antwort gab, obwohl
sie oft nicht der Wahrheit entsprach. Eines Tages fragte Marita:
»Warum lügst du deine Mutter immer an?«

Das Mädchen antwortete: »Weil sie die Wahrheit nicht hören
will.«

Viele Eltern wollen die Wahrheit nicht hören. Sie wiegen sich
lieber im Glauben, alles sei in Ordnung. Ein Junge sagte uns:
»Wenn meine Eltern wüssten, was wirklich los ist, würden sie mich
gar nicht aus dem Haus lassen.« Ist es nicht besser zu wissen, was
der Teenager wirklich denkt und empfindet, als die Realität von
uns zu schieben, bis sie uns am Telefon einholt und mit den nackten Tatsachen schockiert?

Der folgende Fragebogen soll nicht enthüllen, ob Ihre Kinder
Drogen nehmen, sondern ob Sie mit ihnen auf einer Wellenlänge
liegen. Zuweilen kommt die Mutter mit Kind A, der Vater mit

Kind B besser zurecht. Oder die Kinder empfinden, dass die Mutter sie versteht, der Vater aber keine Ahnung hat. Wenn Ihre Kinder das Gefühl bekommen, sie können vor Ihnen ehrlich sein ohne Schimpfe oder Spott fürchten zu müssen, könnte eine wechselseitige Kommunikationsfähigkeit entstehen, die Sie nie für möglich gehalten hätten.

Kommunikation zwischen Eltern und Teenagern

Diese Übung soll Eltern und ihren jugendlichen Kindern eine Hilfestellung für die Kommunikation miteinander bieten. Es gibt separate Fragebögen für Eltern und Kinder. Kreuzen Sie Ja an, wenn die Aussage meistens zutrifft, Nein, wenn sie selten oder nie zutrifft. (Vorschlag: Mütter könnten einen roten, Väter einen blauen Stift benutzen.)

Fragebogen zur Kommunikation
Für Eltern

1. Warten Sie, bis die Kinder ausgeredet haben, bevor Sie antworten?   Ja Nein
2. Unternimmt die Familie Dinge gemeinsam?   Ja Nein
3. Besprechen Sie Familienangelegenheiten mit der ganzen Familie?   Ja Nein
4. Empfindet Ihr Kind, dass Sie seine Meinung respektieren?   Kind A: Ja Nein
                                        Kind B: Ja Nein
5. Empfindet Ihr Kind, dass es zu sehr belehrt wird?   Kind A: Ja Nein
                                        Kind B: Ja Nein

6. Empfindet Ihr Kind, dass es persönliche
   Probleme mit Ihnen besprechen kann?   Kind A: Ja Nein
                                          Kind B: Ja Nein

7. Empfinden Sie, dass Ihr Kind in Reife seiner
   Altersstufe entspricht?   Kind A: Ja Nein
                                          Kind B: Ja Nein

8. Zeigen Sie echtes Interesse an den
   Aktivitäten und Hobbies Ihrer Kinder?   Ja Nein

9. Können Sie mit Ihren Kindern frei über
   Sexualität sprechen?   Ja Nein

10. Glaubt Ihr Kind, dass Sie ihm vertrauen? Kind A: Ja Nein
                                              Kind B: Ja Nein

11. Achten Sie darauf, dass Sie Ihren Kindern
    zuhören?   Ja Nein

12. Wissen Ihre Kinder, dass Sie ihnen etwas
    zutrauen?   Ja Nein

13. Darf und kann Ihr Kind Ihnen
    widersprechen?   Kind A: Ja Nein
                                          Kind B: Ja Nein

14. Haben Ihre Kinder die Freiheit, von Ihnen
    etwas zu erbitten?   Ja Nein

15. Wissen Ihre Kinder, dass Sie nach außen
    hin hinter ihnen stehen?   Ja Nein

16. Besprechen Sie Entscheidungen, die die
    Kinder betreffen, vorher mit ihnen?   Ja Nein

17. Würden Ihre Kinder sagen, sie werden von
    Ihnen getröstet, wenn sie niedergeschlagen sind? Ja Nein

18. Erklären Sie Ihren Kindern, warum Sie eine
    ablehnende Entscheidung treffen?   Ja Nein

Bitten Sie Ihre Teenager darum, zur gleichen Zeit wie Sie ihren
Fragebogen auszufüllen.

Fragebogen zur Kommunikation
Für Teenager

Diese Übung soll dir und deinen Eltern eine Hilfestellung für die Kommunikation miteinander bieten. Es gibt keine richtigen oder falschen Antworten. Kreuze Ja an, wenn die Aussage meistens zutrifft, Nein, wenn sie selten oder nie zutrifft. Kreuze die Antworten für deinen Vater in der ersten Spalte, die für deine Mutter in der zweiten Spalte an.

	Vater	Mutter
1. Warten deine Eltern, bis du ausgeredet hast, bevor Sie antworten?	Ja Nein	Ja Nein
2. Unternimmt deine Familie Dinge gemeinsam?	Ja Nein	Ja Nein
3. Werden Familienangelegenheiten mit der ganzen Familie besprochen?	Ja Nein	Ja Nein
4. Denkst du, dass deine Eltern deine Meinung respektieren?	Ja Nein	Ja Nein
5. Findest du, dass du von deinen Eltern zu sehr belehrt wirst?	Ja Nein	Ja Nein
6. Besprichst du persönliche Probleme mit deinen Eltern?	Ja Nein	Ja Nein
7. Reden deine Eltern mit dir, als wärst du viel jünger als du bist?	Ja Nein	Ja Nein
8. Zeigen deine Eltern Interesse an deinen Aktivitäten und Hobbys?	Ja Nein	Ja Nein
9. Sprichst du mit deinen Eltern über Sexualität?	Ja Nein	Ja Nein
10. Vertrauen dir deine Eltern?	Ja Nein	Ja Nein
11. Findest du es schwierig, zu Hause auszusprechen, was du empfindest?	Ja Nein	Ja Nein
12. Trauen dir deine Eltern etwas zu?	Ja Nein	Ja Nein

13. Zögerst du, deinen Eltern zu
    widersprechen?   Ja Nein   Ja Nein
14. Denkst du, es hat sowieso keinen
    Zweck, deine Eltern um etwas zu
    bitten?   Ja Nein   Ja Nein
15. Versuchen deine Eltern wirklich,
    deine Sicht der Dinge zu verstehen?   Ja Nein   Ja Nein
16. Fragen deine Eltern dich, bevor sie
    Entscheidungen fällen, die dich
    betreffen?   Ja Nein   Ja Nein
17. Trösten deine Eltern dich, wenn du
    niedergeschlagen bist?   Ja Nein   Ja Nein
18. Erklären dir deine Eltern, warum
    sie dir etwas verbieten?   Ja Nein   Ja Nein

Wenn beide Parteien ihre Fragebögen ausgefüllt haben, setzen Sie eine Zeit an, um darüber zu sprechen. Sie sollten dabei nicht unter Druck stehen, weil ein Freund oder eine Freundin draußen auf Ihr Kind wartet, oder weil Sie gleich zum Tennis müssen. Es sollte eine ansprechende Atmosphäre herrschen; es ist eine Diskussion, keine Inquisition.

In den zwanzig Jahren, in denen wir diese Fragebögen empfehlen, haben wir erstaunliche Reaktionen gehört. Das Hauptproblem ist, wenn sich die Menschen nie wirklich die Zeit nehmen, sie durchzugehen. Nur Sie können entscheiden, was in Ihrem Leben wichtig ist und getan werden muss.

4

Wie reif bin ich?

Wir werden immer älter und lernen immer mehr — und werden doch nie alles wissen, was wir wissen wollen. Aber wie steht es mit unserem Gefühlsleben? Ist es möglich, körperlich und geistig reif und erwachsen, aber emotional doch ein Kind zu sein?

Eines der größten Probleme eines Therapeuten oder Seelsorgers ist, dass er meint, es mit einer reifen, verantwortungsvollen Person zu tun zu haben, um dann festzustellen, dass sie die Anweisungen nicht befolgt und wie ein Erstklässler behandelt werden muss: »Wenn du es richtig machst, bekommst du ein Sternchen.«

Antworten Sie mit Ja oder Nein auf die Fragen im folgenden Reife-Index:

Reife-Index

	Ja	Nein
1. Neigen Sie dazu, anderen die Schuld zu geben, wenn etwas schief läuft?	—	—
2. Haben Sie Ausreden für Niederlagen? (Ich hatte Kopfschmerzen. Es hat geregnet. Ich hätte es gar nicht erst versuchen sollen.)	—	—
3. Ignorieren Sie Probleme am liebsten und hoffen, dass sie sich von allein lösen?	—	—
4. Schreiben Sie es ihrem mangelhaften Hintergrund zu, dass Sie Ihr Potential nicht ausschöpfen konnten?	—	—

5. Greifen Sie nach einer Notlüge, wenn Sie sich damit retten können? — —

6. Fragen die Leute manchmal: »Wann wirst du denn mal erwachsen?« — —

7. Meiden Sie Verantwortung, wenn es geht? (Soll es ein anderer tun.) — —

8. Fällt es Ihnen schwer, sich neuen Situationen anzupassen? — —

9. Fragen Sie sich manchmal, wie Sie ihr Leben auf die Reihe kriegen sollen? — —

10. Denken — oder sagen — Sie häufig, dass nächstes Jahr alles anders wird? — —

11. Können Sie sich meist aus allem herausreden? — —

12. Haben Sie das Gefühl, es wird Ihnen nicht genug Ruhe gegönnt? — —

13. Wenn Sie auf frischer Tat ertappt werden, denken Sie als Erstes an eine Notlüge oder Ausrede? — —

14. Denken Sie, Sie wären glücklich, wenn Ihr Haus oder Ihre Wohnung nur größer oder schöner wäre? — —

15. Lassen Sie sich am Telefon zuweilen von einem Kind verleugnen? — —

Beim Beantworten der Fragen ist Ihnen vielleicht aufgefallen, dass es bei allen um Verantwortung für das eigene Leben geht, ohne andere Menschen oder Umstände für eigenes Versagen zu beschuldigen. Wenn Sie auf alle Fragen mit Nein geantwortet und dabei die Wahrheit gesagt haben (unreife Menschen neigen zur Lüge), dann sind Sie ein reifer Mensch, der das Beste aus seiner Situation gemacht hat und bei äußerlichen Veränderungen nicht gleich den Boden unter den Füßen verliert. Je mehr Fragen Sie mit Ja beantwortet haben, desto unreifer ist Ihre Persönlichkeit, und wenn Sie überall Ja angekreuzt haben, sind Sie emotional ganz Kind geblieben, auch wenn Sie schon erwachsen sind.

Als wirklich unreife Person sind Sie womöglich die Fragen schon wieder durchgegangen, mit dem Gedanken, Sie seien zu hart mit sich selbst gewesen. Einige Antworten zu ändern, ändert nichts an der Wahrheit. Wenn Sie sehr viele Ja-Antworten haben, sind Sie aus irgendeinem Grund in der emotionalen Entwicklung zurückgeblieben.

Kinder sind bezaubernd mit ihren großen, unschuldigen Augen, ihrem breiten Lächeln, ihrer Sorglosigkeit und Freiheit von Bindung und Zeitdruck. All diese Eigenschaften wirken anziehend auf Menschen inmitten vom Stress des Lebens. Ebenso sind unreife Menschen anziehend und finden schnell einen Freund, der eine Weile auf sie aufpasst. Wenn aber einer die ganze Arbeit tut und die ganze Verantwortung trägt, wird die Beziehung strapaziert. Wenn Sie innerlich wissen, dass Sie sich gern herausreden und Verantwortung meiden, müssen Sie sich fragen, warum. Warum relativieren Sie einen Fehler? Warum beschuldigen Sie andere Menschen? Warum fällt es Ihnen schwer, innige Beziehungen zu pflegen?

Vielleicht hilft Ihnen dieses Fallbeispiel:

»Mein Mann ist wie ein kleiner Junge in der Haut eines erwachsenen Mannes«, meinte Nicole, eine auffallend schöne Frau, zu Fred. »Er hat in den zwanzig Jahren unserer Ehe keine einzige ernst zu nehmende Arbeitsstelle gehabt, und ich habe wenig Hoffnung auf Veränderung.« Sie deutete auf einen großen, mustergültigen Schönling inmitten einer Gruppe von Frauen, die alle an seinen Lippen hingen.

»Sehen Sie?« sagte Nicole. »Er ist immer von Frauen umgeben. Sie lieben ihn! Auch ich liebte ihn früher. Aber nun habe ich es satt, ihn zu tragen. Er ist wie ein weiteres Kind.«

Wir verabredeten uns für nach dem Seminar. »Aber passen Sie auf, dass er Sie nicht zum Narren hält wie all die anderen Therapeuten vor Ihnen.«

Als wir uns trafen, empfanden wir Mark als sehr angenehmen Zeitgenossen mit funkelnden Augen, einem einnehmenden

Lächeln und einem ausgeprägten Sinn für Humor. Wir konnten verstehen, warum die Frauen alle von ihm angezogen waren. Als wir uns setzten, zwinkerte er Florence zu: »Ich bin gar nicht so schlimm, wie sie mich darstellt. Sie kommt immer zuerst an die Therapeuten ran und polt sie gegen mich.«

»Ich sage bloß die Wahrheit«, erwiderte Nicole kalt.

»Wie viele Therapeuten haben Sie denn schon durch?«, fragten wir.

Beide antworteten gleichzeitig. Sie behauptete: »Fünf.« Er seufzte: »'Ne ganze Menge.«

»Und was haben Sie dort bisher gelernt?«, wollte Fred wissen.

»Sie haben ihm gesagt, er solle sich eine stabile Arbeitsstelle suchen und mit der Spielerei aufhören«, antwortete Nicole.

»Aber sie mochten mich alle. Eine hat Nicole sogar gesagt (dabei schmunzelte er), wenn sie einen so gut aussehenden Mann hätte, würde sie ihn gern tragen.« Er zwinkerte wieder und lächelte, sichtlich mit sich zufrieden.

»Es wäre ja nicht so schlimm, wenn er wenigstens treu wäre. Aber er hat jede Woche irgendeine neue Freundin«, klagte Nicole. »Er ist fast nie zu Hause.«

»Zu Hause ist nichts los«, gab er zurück.

Kommt Ihnen dieses Gespräch irgendwie bekannt vor? Erkennen Sie die Muster? Können Sie die Temperamente zuordnen?

Im weiteren Gespräch mit dem Ehepaar identifizierten wir einen sanguinisch-phlegmatischen Ehemann, der mit einer dominanten melancholisch-cholerischen Frau verheiratet war. Sie kam aus einer Alkoholiker-Familie mit einem jähzornigen Vater und hatte schon in jungen Jahren die Rolle einer kleinen Mutter angenommen.

Mark war von seiner Mutter verhätschelt worden, die die Abhängigkeit ihres Sohnes als Ausgleich für mangelnde Liebe ihres Mannes brauchte. Sie hatte ihm eingeredet, er sei »Gottes Geschenk an die Frauen«, und einmal sagte sie: »Mit deinem

Aussehen wirst du nie arbeiten müssen. Du wirst immer eine Frau finden, die dich unterhält.«

Ist das nicht eine Ehe wie sie im Buche steht? Mark braucht eine Frau, die für ihn sorgt, und Nicole braucht jemanden, für den sie sorgen kann. Dennoch hat es nicht so richtig funktioniert. Nicole wurde immer deprimierter und Mark zog sich immer weiter zurück, weil es mit ihr keinen Spaß mehr machte.

Als Fred nachfragte, was ihnen denn die fünf Therapeuten geraten hatten, antworteten beide zugleich. Der Erste sagte ihnen, es wäre Sünde in ihrem Leben, und sie sollten mehr zur Kirche gehen. Der Zweite ergriff Partei für Nicole und sagte Mark, er solle nicht wiederkommen, bis er eine richtige Arbeitsstelle hatte.

»Die nächsten beiden hat Mark zum Narren gehalten«, berichtete Nicole verächtlich. »Er stimmte allem zu, was sie sagten, veränderte sich aber kein bisschen. Und ich war wieder die Dumme.«

Mark grinste.

Der letzte Therapeut hatte ihnen gesagt, sie sollten aus ihrem Problem nicht so ein Aufhebens machen und hatte ihnen all die viel schlimmeren Fälle aufgezählt, die er zur Zeit behandelte. Er schickte sie mit den Worten fort: »Dankt Gott für das, was ihr habt, und schaut nicht immer auf die Probleme.«

»Er gab uns zu verstehen, dass wir seine Zeit mit Nebensächlichkeiten vergeuden«, klagte Nicole. »Aber ich finde unsere Ehe gar nicht so nebensächlich.«

»Jedenfalls ist sie *mein* größtes Problem«, bemerkte Mark.

Wir könnten alle gute Tipps abgeben: Mark muss sich um eine stabile Arbeitsstelle kümmern und Nicole muss liebevoller und herzlicher mit ihm umgehen, damit er gern nach Hause kommt. Trotz ihrer unterschiedlichen Schilderungen der verschiedenen Therapeuten, hatten sie alle verhaltensorientierte Ratschläge gegeben, ohne auf die Ursachen einzugehen. Es ist jedoch fast unmöglich, sein Verhalten zu ändern, wenn man nicht weiß, wo es herkommt.

Als Mark den Reife-Index durchging, stellte er fest, dass er innerlich noch ein Kind war. Das erschütterte ihn, da er geglaubt hatte, er sei ein Muster von einem Mann. Er begann zu verstehen, warum er keine dauerhaften innigen Beziehungen hatte: Er konnte nie ernst sein, sodass nur instabile und emotional bedürftige Menschen es bei ihm aushielten. Er hatte nie bemerkt, dass seine Freunde eigentlich alles so genannte »hoffnungslose Fälle« waren, für die er selbst so etwas wie ein Seelsorger war.

Mark war selbstständig tätig als Personalberater für einige Betriebe in der Umgebung und glaubte daher zu arbeiten. Er bekam jedoch wenig Aufträge und berechnete den Kunden seine Leistungen nicht immer. Die meiste Zeit verbrachte er damit, verstörte Frauen, die er beim letzten Kunden getroffen hatte, zu »beseelsorgen«. Es kam gerade genug Geld herein, um die Fixkosten zu begleichen.

Wir brauchten mehrere Sitzungen zu diesem Thema, bis er einsah, dass dies keine wirkliche Arbeit war. Es war ein Spiel. Genauso wie er andere hinters Licht geführt hatte, hatte er sich selbst eingeredet, er sei ein Personalberater, dem es nächstes Jahr sicher besser gehen würde.

»Der Gedanke, ich sei noch ein Kind, ist entsetzlich«, gab Mark zu, »aber vielleicht bin ich es wirklich.« Zum ersten Mal betrachtete er sich selbst mit klarem Blick. Er sah ein, dass seine Mutter seine Abhängigkeit gebraucht und gefördert hatte, indem sie ihn finanziell und emotional mit realitätsfernen Komplimenten verwöhnte. Er hatte in seiner Frau seine Mutter geheiratet und war beleidigt, als sie seinem Charme nicht mehr erlag.

Die notwendigen Veränderungen kamen nicht sofort, aber Mark und Nicole fanden die Ursachen für ihr jeweiliges Fehlverhalten und ließen sich auf einen Veränderungsprozess ein, statt die Fehler beim anderen zu suchen. Sie suchten sich einen Therapeuten, der auf Marks Charme nicht hereinfiel und Verständnis für Frauen hatte. Ihm legten sie die Ergebnisse des Tests zum Persönlichkeitsprofil und des Reife-Index vor.

Wenn Sie bei der emotionalen Reife schlecht abgeschnitten haben, können Sie mit Hilfe der folgenden Liste die Wurzeln ergründen.

Wurzeln emotionaler Unreife

Kreuzen Sie die auf Sie zutreffenden Aussagen an.

1. ☐ Sie waren das jüngste Kind und alle fanden Sie hinreißend.
2. ☐ Ein Elternteil brauchte Ihre Abhängigkeit.
3. ☐ Ein Elternteil hat Sie durch eigene Unreife in der Kinderrolle gehalten.
4. ☐ Sie wurden nie in Verantwortung hineingeführt.
5. ☐ Wenn man Ihnen etwas auftrug, schaute nie jemand nach dem Ergebnis.
6. ☐ Keiner lehrte Sie, mit Geld umzugehen.
7. ☐ Sie haben nie erfahren, dass jede Handlung seine Konsequenzen hat.
8. ☐ Ein Elternteil steckte Ihnen heimlich Geld zu.
9. ☐ Sie konnten mindestens ein Elternteil zum eigenen Vorteil reinlegen.
10. ☐ Ein Elternteil lehrte Sie, sich dem anderen nicht zu widersetzen.
11. ☐ Sie haben gelernt, sich mit Notlügen und Ausreden aus der Affäre zu ziehen.
12. ☐ Ein Elternteil liebte Sie abgöttisch, während der andere eher abweisend war.
13. ☐ Der Elternteil des anderen Geschlechts behandelte Sie wie einen Vertrauten.
14. ☐ Es kamen bestimmte erotische Berührungen vor, die Sie bisher als relativ harmlos angesehen haben.
15. ☐ Sie haben als Kind oft mit dem Elternteil des anderen Geschlechts zusammen geduscht oder gebadet.
16. ☐ Für ein Elternteil waren Sie das »Glückselixier«.

17. ☐ Sie haben gelernt, dass Sie mit Weinen fast alles bekommen konnten.
18. ☐ Ein Elternteil holte Sie in der Schule bei Auseinandersetzungen mit den Lehrern immer aus der Patsche.
19. ☐ Wenn Ihnen eine neue Arbeitsstelle nicht gefiel, war es in Ordnung, einfach aufzuhören.
20. ☐ Sie konnten ein Elternteil zum eigenen Vorteil gegen den anderen ausspielen.
21. ☐ Sie wollten nie ohne ein Elternteil an der Hand in die große, weite Welt hinaus.
22. ☐ Sie sind vom Temperamentstyp sanguinisch-phlegmatisch: Sie suchen das Vergnügen und scheren sich nicht um die Konsequenzen.
23. ☐ Sie haben gedacht, Sie heiraten und sind dann glücklich bis an Ihr Lebensende.

Sie haben nun herausgefunden, worin Ihre Unreife liegt und woher sie kommen könnte. Nun haben Sie die Hälfte schon geschafft.

Die Bibel fordert uns auf, stark zu werden und unser Kindsein abzulegen. Wenn wir nicht erwachsen werden, machen wir immer wieder die gleichen Fehler, haben unfruchtbare, kurzweilige Beziehungen und schöpfen unser Potential nie aus.

Wie können wir wachsen? Zunächst werden wir uns nach dem Muster in Kapitel 2 unserer eigenen Bedürfnisse bewusst. Dann betrachten wir die Beschreibung eines reifen Christen wie er im Epheserbrief beschrieben wird. Diesen Maßstab setzen wir dann an unserem Leben an. Dann schreiben wir Briefe an Gott, in denen wir auf unsere Schwächen eingehen. Dabei behandeln wir pro Tag eine Schwäche, bis alle behandelt sind und halten dabei inne, wenn wir wieder beginnen, uns herauszureden oder andere zu beschuldigen.

Wir beginnen, für unsere eigenen Fehler selbst gerade zu stehen. Wir erkennen, welcher Teil unseres Fehlverhaltens unseren

Eltern zuzuschreiben ist und erkennen dennoch an, dass sie ihr Bestes getan haben. Wir entscheiden uns jetzt, Verantwortung für unser eigenes Handeln zu übernehmen und nicht unsern Eltern zu grollen, sondern ihnen zu vergeben. Wir prüfen unser Verhalten unseren Kindern gegenüber, ob wir nicht in dieselben Muster gefallen sind. Ist dies geschehen, arbeiten wir an uns selbst und bitten um Verzeihung für die Verletzungen, die wir ihnen zugefügt haben. Wir suchen uns jemanden, der uns begleiten kann und uns liebevoll zurechtweist, wenn wir uns wieder herausreden oder andere beschuldigen. Und wir überprüfen ständig unseren Fortschritt.

Wenn Ihre Unreife unter anderem auch sexuelle Gründe hat, lesen Sie das Kapitel 10 besonders aufmerksam, wo es um Misshandlung, auch um völlig verdrängte Misshandlung, geht. Emotionales Wachstum wird oft im Moment einer Misshandlung unterbrochen und beginnt erst wieder, wenn die Ursachen enthüllt sind.

Nun, da Sie Ihre Temperamentsstärken und -schwächen identifiziert, Ihre Kommunikationsfähigkeit eingestuft und Ihren Reifegrad gemessen haben, schauen Sie einmal auf Ihre eigene Familie. Haben Sie eine/n Partner/in, der oder die sich weigert, sich als mitverantwortlich für die Situation zu sehen? Möglicherweise sollten Sie sich fragen, ob Sie ihn oder sie konfrontieren müssen.

5

Wann muss ich meinen Partner konfrontieren?

Unter Umständen leben Sie in einer unerträglich gewordenen Situation. Manche Frauen meinen, wenn sie nur fügsam genug sind, wird ihr Mann sie nicht mehr misshandeln. Sie merken nicht, dass der Missbrauch mit ihrem Verhalten nichts zu tun hat, sondern auf die Vergangenheit des Täters zurückgeht. Wegen seines inneren Ungleichgewichts muss er es an jemandem auslassen – und dieser Jemand sind zufällig Sie. Es ist kein Zeichen geistlicher Größe, die Misshandlungen des Ehepartners zu ertragen. Egal, wer Ihnen sagt: »Das ist dein auferlegtes Kreuz«, Sie müssen nicht geschlagen oder beschimpft werden, um in den Himmel zu kommen.

Gottes Absicht für die Ehe ist gegenseitige Liebe und Achtung. Wenn beides bei Ihnen in der Ehe fehlt, ist es vielleicht Zeit für eine Konfrontation. Sagen Sie nicht: »Wenn du dich nicht besserst, dann gehe ich.« Drücken Sie stattdessen unmissverständlich aus: »So können wir nicht weiterleben.« Überdenken Sie die folgenden Fragen, bevor Sie eine Konfrontation in Betracht ziehen:

Einschätzung der Notwendigkeit einer Konfrontation

Kreuzen Sie die Fragen an, die Sie bejahen können.
1. ☐ Ist Ihre Situation unerträglich geworden?
2. ☐ Ist hier eine Beziehung außer Kontrolle geraten?

3. ☐ Ist der Blick 10 Jahre in die Zukunft deprimierend?
4. ☐ Ist die Beziehung einseitig?

Fragen Ihre Freunde:
5. ☐ Was ist eigentlich los mit dir?
6. ☐ Wann kommst du endlich zur Vernunft?
7. ☐ Siehst du nicht, was er oder sie mit dir anrichtet?
8. ☐ Warum macht es mit dir keinen Spaß mehr?

Fragen Sie sich:
9. ☐ Wird Ihnen übel, wenn Sie mit einer bestimmten Person zu tun haben?
10. ☐ Fühlen Sie sich oft erschöpft?
11. ☐ Haben Sie die Hoffnung verloren?
12. ☐ Ist Ihr/e Partner/in fremd gegangen?
13. ☐ Richtet sich seine/ihre Aufmerksamkeit oft auf das andere Geschlecht?
14. ☐ Haben Sie das Gefühl, Unterordnung heißt, Fußabtreter zu sein?
15. ☐ Werden Sie verbal oder emotional misshandelt?
16. ☐ Redet Ihr/e Partner/in (oder Ihre Kinder) schlecht über Sie?
17. ☐ Hat Ihr/e Partner/in Sie geschlagen oder bedroht?
18. ☐ Sind Sie finanziell abhängig?
19. ☐ Geht Ihr/e Partner/in gedankenlos mit Geld um?
20. ☐ Fürchten Sie das Alleinsein?
21. ☐ Argumentieren Sie: »Das ist das Kreuz, das mir auferlegt ist«?
22. ☐ Trösten Sie sich mit dem Gedanken: »Na ja, jeder hat so seine Probleme«?

Wenn Sie mindestens fünf Fragen bejaht haben, sind Sie mit Ihrer derzeitigen Situation nicht zufrieden. Wenn Sie mindestens zehn Fragen angekreuzt haben, müssen Sie sich überlegen, was Sie in

Zukunft tun werden. Wenn Sie mindestens fünfzehn Kreuze gemacht haben, müssen Sie Ihren Partner oder Ihre Partnerin so bald wie möglich konfrontieren.

Keiner steht heiklen oder verletzenden Angelegenheiten mit Begeisterung direkt gegenüber. Wir würden uns lieber abwenden und hoffen, dass sie sich in Wohlgefallen auflösen. Nicht alle Eheprobleme haben mit Ehebruch und Missbrauch zu tun, manche beruhen auf chronischen emotionalen Schwierigkeiten oder wiederholtem beruflichen Versagen.

Florence berichtet: »Eine meiner schwierigsten Aufgaben bestand darin, Fred zu sagen, dass ich mit dem finanziellen Druck und dem ständigen Gefühl seines drohenden Zorns nicht mehr leben konnte. Ich wusste, er würde mich nur schwer verstehen können, da er nicht jähzornig wurde und auch immer dafür sorgte, dass wir in überdurchschnittlichen Verhältnissen lebten. Er tat immer sein Bestes.«

Manche mögen fragen: »Was war denn an deiner Situation so schlimm?« Sicher, Ihre Lage mag noch wesentlich kritischer sein. Aber Florence wollte nicht irgendeine, sondern die bestmögliche Ehe. Und das war ihr die Herausforderung wert.

Wie Florence müssen Sie unter Umständen Ihre Lebenssituation genauer betrachten. Warten Sie nicht, bis keine Liebe mehr da ist. Eventuell sollten Sie und Ihr Partner einen Eheberater aufsuchen. Wenn der andere sich sträubt oder gar behauptet, es läge alles an Ihnen, ist vielleicht eine direkte Konfrontation nötig. Wir schlagen folgende Vorgehensweise vor:

1. Bestimmen Sie, ob eine Konfrontation nötig ist. Ist das Verhalten der betreffenden Person für mindestens ein Familienmitglied emotional bedrohlich? Kommt Gewalt in irgendeiner Form vor? Ist eine Sucht — Drogen, Alkohol, Spielen, Pornographie — im Spiel? Gibt es ständiges berufliches Versagen oder einen anderen Mechanismus, der die Familie beeinflusst? Schwebt eine Furcht vor Wutausbrüchen über der Familie?

Sollte einer dieser Problembereiche bei Ihnen vorkommen und schlimmer statt besser werden, kann eine Konfrontation sinnvoll sein. Wir haben mit geschlagenen und missbrauchten Frauen gesprochen, die glaubten, wenn sie nur folgsam genug sind, wird die Misshandlung morgen aufhören. Unserer Erfahrung nach sind Frauen, die eine solche Behandlung über längere Zeit hinnehmen, in der Kindheit Missbrauchsopfer gewesen. Sie haben gelernt, »es hinzunehmen«. Überprüfen Sie Ihre eigene emotionale Stabilität, bevor Sie die Konfrontation eines anderen erwägen.

2. Suchen Sie Gottes Führung. Hasten Sie nicht bei einem solchen Schritt, die Konfrontation könnte sich in ein Fiasko verwandeln. Schreiben Sie Ihre Gebete und Ihr Bitten täglich auf. Warten Sie, bis Sie sich dessen sicher sind. Nur die eigene Meinung durchsetzen zu wollen ist nicht die richtige Motivation.

3. Lesen Sie mindestens ein Buch über Konfrontation. So sind Sie auf eventuelle Reaktionen besser vorbereitet. Der »Übeltäter« mag mit Ihren Vorschlägen nicht einverstanden sein. Es ist also besser, sich vorher gründlich informiert zu haben.

4. Suchen Sie sich einen neutralen Dritten. Er oder sie sollte Ihnen als Vermittler, nicht als zusätzlicher Angreifer beistehen. Erklären Sie der Person die Situation so objektiv wie möglich, sodass sie sich bereit erklären kann, wenn nötig, die Konfrontation zu übernehmen. Es kann ein Therapeut, Seelsorger, Pastor oder Freund sein, den der oder die Konfrontierte als gerecht kennt.

5. Sichern Sie sich die Unterstützung der Familie. Es ist fast unmöglich, Veränderung einzuführen, wenn die Familie dagegen ist. Wenn alle denken, dass Sie falsch liegen, brauchen Sie zunächst eine Familienberatung. Es wäre vernichtend, dieses riskante Unternehmen zu wagen, um dann die ganze Familie gegen sich versammelt zu sehen.

6. Erarbeiten Sie verschiedene Lösungen. Bevor Florence Fred gegenüber ausdrückte, dass er ihrer Meinung nach zur Seelsorge müsste, hatte sie schon einen Therapeuten ausfindig gemacht, ihm die Situation erklärt und sich erkundigt, wann er denn Zeit habe.

Konfrontieren Sie nicht, bis Sie mögliche Lösungen ausgelotet und die Telefonnummern professioneller Hilfe bei der Hand haben. Das Treffen soll keine Kraftprobe sein, sondern Aussicht auf eine bessere Zukunft bringen. Sie sollten eine mögliche Vorgehensweise parat haben!

7. Lassen Sie nicht nach. Eine Konfrontation ist nie einfach, und die Person wird wahrscheinlich, wie so oft in spontanen Auseinandersetzungen, die gewohnten Waffen der Einschüchterung oder Argumentation einsetzen, um Sie umzustimmen. Sie müssen sich vornehmen, an Ihrem Entschluss festzuhalten, denn Sie werden vom anderen nie wieder ernst genommen, wenn Sie das Vereinbarte nicht durchsetzen können.

8. Bereiten Sie sich auf das Schlimmste vor. Das heißt nicht, dass Sie mit einer negativen Haltung herangehen. Es heißt aber, dass Sie sich überlegen müssen, was im schlimmsten Fall passieren kann. Stehen Sie dann auf der Straße oder haben Sie kein Geld mehr? Haben Sie sich einen Plan B zurechtgelegt?

9. Legen Sie einen sinnvollen Zeitpunkt fest. Keine Zeit ist perfekt für solch ein Unterfangen. Sie sollten aber einen Zeitpunkt wählen, wenn der Partner am wenigsten unter Stress oder Zeitdruck steht. Florence wählte eine Urlaubszeit, als Fred nicht zur Arbeit entfliehen konnte.

10. Vergessen Sie die Liebe nicht. Die Konfrontation sollte kein Angriff sein. Es ist für die Person schlimm genug, dass alle Welt sich plötzlich gegen sie zu richten scheint. Betonen Sie: »Wir lieben dich und wollen nur das Beste. Aber es muss sich etwas ändern.« Seien Sie bereit, Kompromisse in kleineren Bereichen einzugehen, solange die Person sich auf wesentliche Schritte einlässt. Setzen Sie sich und ihr Termine, und legen Sie beide vor einer dritten Person Rechenschaft ab.

Die Zeit, in der wir der Realität begegneten, war nicht einfach, aber die Investition hat sich gelohnt und hat erstaunliche Ergebnisse gebracht. In diesem Bereich haben wir eine echte Lösung gefunden!

6
Welches Temperament haben meine Kinder?

»Die vier Stunden, die wir nach eurem Seminar über die Temperamente als Familie im Gespräch verbrachten, haben unser Leben vollkommen verändert«, schrieb Sandra, die Ehefrau eines Pastors.

Sie erzählte, dass sie und die Tochter Sanguinikerinnen sind, ihr Mann Choleriker, ein Sohn Phlegmatiker und der andere, David, mit einer Drei im Mediziner-Vordiplom, ein brillanter Melancholiker. Da die Familie die Temperamente nicht kannte, galt David immer als schwarzes Schaf. »Er hatte es bisher sehr schwer mit uns allen und fand sich nie richtig zurecht.«

Weil David so »anders« war, wurde er zur Therapie geschickt — mit dem einzigen Ergebnis, dass seine Außenseiterstellung bestätigt wurde. Das Buch »*Einfach typisch!*« machte die Runde in der Familie, und Lichter gingen auf! Als wir in ihrer Nähe ein Seminar hielten, machte sich die ganze Familie auf den Weg, David nur widerwillig. Nach dem Abend saß die Familie noch bis nachts um drei Uhr beisammen und führte eine ehrliche Aussprache. Zum ersten Mal gab David zu, dass er eigentlich gar nicht Arzt werden wollte, aber das Gefühl hatte, es wurde von ihm erwartet, und enttäuschen wollte er nicht. Er gestand, wie unglücklich er während der ganzen Jahre aufgrund des fehlenden Verständnisses der anderen gewesen war. In diesem Rahmen merkte er, dass er mit seinen Worten auf offene Ohren stieß. Seine Eltern hatten es mit ihm gut gemeint. Da sie aber von den Temperamentstypen nichts wussten, hatten sie ein Kind in eine Richtung gedrängt, die ihm nicht passte.

Nun studiert David Chemie und steuert auf ein hervorragendes Diplom zu. Er war von Laborversuchen schon immer begeistert gewesen, und jetzt, da er wirklich an seiner Tätigkeit Spaß hat, bessert sich auch das Verhältnis zur Familie.

In ihrem Dankschreiben an uns meinte Sandra: »Unsere Motive waren einwandfrei; wir trauern nur sehr darum, dass wir von den Temperamenten nichts wussten, bis es fast zu spät war.«

Ist es fast zu spät in Ihrer Familie? Haben Sie ein »schwarzes Schaf« unter Ihren Kindern? Verstehen Sie sich besser mit einem und Ihr Partner besser mit einem anderen Kind? Finden Sie, alle Kinder sollten gleich behandelt werden?

Je eher wir die Temperamente unserer Kinder verstehen, desto eher lernen wir, ihre Stärken zu erkennen und sie individuell zu fördern. Wir merken auch, dass jedes Kind seine Schwächen hat und uns nicht »eins auswischen« möchte.

Nach einer Studie von Alan Chittenden, einem australischen Psychologen, bringen nicht verstandene Charakterunterschiede zu Hause und in der Schule unweigerlich Probleme mit sich. »Oft ist alles in Ordnung mit dem Kind, außer dass es ein anderes Temperament hat als seine Eltern. Wenn aber die Eltern dieses Temperament verstehen und wissen, wie dieses Kind die Welt sieht, begreifen sie auch, warum es sie auf eine bestimmte Art und Weise nervt. Das Temperament kann in frühem Alter durch die Umstände beeinflusst werden, es scheint jedoch größtenteils erblich zu sein.«[1]

Unser Erbgut

In der Bibel heißt es, dass wir unsere eigene Art hervorbringen, und wir kennen es alle: Das Kind ist den Eltern wie aus dem Gesicht geschnitten — gleiche Augenfarbe, gleiche Haare, gleiche Körperhaltung. Bis vor zwanzig Jahren glaubten jedoch nur wenige, dass auch der Charakter vererbt wird.

Die Sichtweise auf die Vererbung änderte sich, als eine Studie der Universität Minnesota veröffentlicht wurde, in der 358 nach der Geburt adoptierte und getrennt großgezogene Zwillingspaare untersucht worden waren. Es stellte sich heraus, dass die 44 eineiigen Zwillingspaare, trotz einer Kindheit in unterschiedlicher Umgebung, einander im Temperament sehr ähnelten. Weitere Berichte zur Vererbung des Temperaments und des Verhaltens sind von den Universitäten Pennsylvania und Harvard veröffentlicht worden. Dieser Bereich der psychologischen Forschung hat den Beinamen »Anlage-Umwelt-Theorie« (Was ist in unserer Anlage enthalten, welchen Einfluss übt die Umwelt aus?) erhalten. Ergebnisse zeigen bisher, dass wir mit einem Paket an Charakterzügen auf die Welt kommen, darunter Folgende:

Schüchternheit

Jerome Kagan von der Universität Harvard filmte in seinem Labor mehrere hundert Säuglinge und schlussfolgerte, dass die Anlage zu extremer Schüchternheit und Vorsicht schon im Erbgut liegt. Er schätzt, dass 20 Prozent der weißen amerikanischen Kinder aus der Mittelklasse — die Einzigen, die er untersucht hat — mit schüchternem Temperament geboren werden.[2]

Typ-A(cholerische)-Eigenschaften

Nach einer gemeinsamen Studie des Boston City Krankenhauses und der Universität Clemson, die in der Zeitschrift »Pediatrics« im März 1993 veröffentlicht wurde, sind Typ-A-Menschen ungeduldig, kämpferisch, hart im Nehmen und engagiert (cholerisch), während Typ-B-Menschen eher unaufdringlich und unmotiviert sind (phlegmatisch). Die Untersuchung der Säuglinge und ihrer Mütter zeigte, dass einige der Charakterzüge vererbt wurden. Dr. T. Berry Brazleton, Gründer der Abteilung für Kinderentwicklung am Kinderkrankenhaus in Boston: »Die Studie deutet auf eine genetische Komponente des Temperaments hin.«[3]

Schwierige Kinder

»Schwierige« Kinder sind nicht verwöhnte Gören, und sie zielen auch nicht absichtlich darauf ab, ihre Eltern zu belasten. Es ist vielleicht schwer, mit ihnen umzugehen, aber ihr Verhalten wird von ihrem Temperament bestimmt, und dafür können sie nichts. Menschen werden einfach mit unterschiedlichen Temperamenten geboren, und Eltern können das natürliche Temperament ihres Kindes nicht ändern.[4]

Nachdem jahrelang angenommen wurde, man könne das Temperament eines Kindes ändern, wenn es aus einer Umgebung in eine bessere gebracht werde, haben die Sozialwissenschaftler nun ihre Meinung geändert. Im Allgemeinen ist man nun der Überzeugung, dass das Temperament angeboren ist und die Umgebung das Verhalten zum Guten oder zum Schlechten beeinflusst.

Vererbt werden auch andere Eigenschaften wie Gewicht, Verhaltensmuster, geschlechtliche Unterschiede und Lernschwächen. Im Folgenden werden einige Forschungsergebnisse der letzten zehn Jahre in diesen Bereichen erörtert.

Dick oder Dünn

Ein Team der Universität Pennsylvania stellte fest, dass das Gewicht von 540 als Kleinkinder adoptierten Menschen sehr dem der leiblichen Eltern ähnelte. »Genetische Einflüsse spielen beim Gewicht eines Menschen eine große Rolle, während das familiäre Umfeld nur wenig dazu beiträgt«, schreibt Dr. Albert Stundard im »New England Journal of Medicine«.[5]

Verhaltensmuster

Das Konzept eines Temperaments wurde ebenso von den Ärzten Alexander Thomas, Stella Chess und Herbert Birch in einer Langzeitstudie erörtert. Sie beobachteten 133 Menschen von der Kindheit bis ins junge Erwachsenenalter hinein und fanden, dass diese

Individuen bestimmte Verhaltensmuster hatten, die angeboren waren und konstant blieben.[6]

Geschlechtliche Unterschiede

In den siebziger Jahren, der Hochzeit der feministischen Revolution, war das Thema Unterschiede zwischen Mann und Frau tabu. Seitdem hat sich jedoch in verschiedenen Untersuchungen gezeigt, dass sehr wohl angeborene Unterschiede bestehen. »Als ich jünger war, führte ich alle sichtbaren geschlechtlichen Unterschiede auf gesellschaftliche Einflüsse zurück«, sagte Jerre Levy, Professorin für Psychologie an der Universität Chicago. Nach zwanzig Jahren Gehirnforschung stellt sie jedoch fest: »Es gibt sicher genetisch bedingte Unterschiede in unserem Verhalten.«[7]

Aufmerksamkeitsdefizitsyndrom

Neue Beobachtungen des National Institute of Mental Health in Bethesda, Maryland, haben ergeben, dass Hyperaktivität weniger ein psychologisches, sondern eher ein neurologisches, oft geerbtes Problem darstellt. Ca. vier Prozent aller Schulkinder haben ADS, darunter doppelt so viele Jungen wie Mädchen.[8]

Wenn wir das Grundnaturell eines Kindes nicht verändern können, was haben wir dann für einen Einfluss? Da wir einen adoptierten Sohn haben, können wir aus eigener Beobachtung sagen, was der Unterschied zwischen Anlage und Umwelt ist. Der kleine Fred war schon ein ruhiger Genosse, als wir ihn mit drei Monaten bekamen. Er lag in seiner Wiege und schien in aller Ruhe alle unter die Lupe zu nehmen, die vorbeikamen. Er mochte keine lauten Geräusche, war schüchtern und zog sich vor unbekannten Gesichtern zurück. Er zeigte von Anfang an melancholische Züge, und dreißig Jahre später ist er immer noch ständig in Gedanken, durchorganisiert und introvertiert. Als Adoptivsohn war seine Anlage von uns völlig unabhängig. Doch welchen Einfluss hatten wir? Was konnten wir ihm mitgeben?

- Wir konnten sein angeborenes Temperament verstehen und es fördern statt zu hemmen.
- Wir konnten ihm früh ein Gefühl der Geborgenheit und Liebe vermitteln.
- Wir konnten ihm moralische Werte und Manieren beibringen.
- Wir konnten ihn christlich erziehen und unseren eigenen Glauben nahe bringen.
- Wir konnten ihn bei seinen Zielsetzungen und seiner Berufswahl unterstützen.

Als wir in Australien waren, trafen wir Karl, einen Berufsberater. Er erzählte uns, wie er begonnen hatte, den Test zum Persönlichkeitsprofil anzuwenden, um die Schüler auf das eigene Temperament aufmerksam zu machen, damit sie einen Beruf wählen können, der ihrem Naturell entspricht. Er malte vier Spalten mit den Temperamenten überschrieben auf die Tafel. Dann bat er je einen Schüler mit dem entsprechenden Temperament, die Spalten mit den Stärken und Schwächen auszufüllen.

Eine Melancholikerin kam zuerst dran. Sie schaute sich die Überschrift an, wischte sie weg und schrieb sie ordentlich hin. Sie nummerierte die Eigenschaften, und als sich herausstellte, dass nicht alle in die Spalte passen, wischte sie alles wieder weg und schrieb die Begriffe in kleinerer Schrift wieder neu. Außerdem teilte sie die Stärken und Schwächen in Kategorien ein und betitelte diese, obwohl dies nicht Teil der Aufgabenstellung war.

Dann kam eine Sanguinikerin und schrieb in großen runden Buchstaben mit einem Kringel über jedem *i*. Als sie merkte, dass der Platz nicht ausreichen würde, wurden die Buchstaben immer kleiner, und dann schrieb sie kichernd den Rest der Eigenschaften hochkant an den Rand der Spalte. Sie fand sogar noch Platz für ein Herzchen und ein kleines Blümchen und setzte sich selbstzufrieden wieder hin. Die Melancholikerin gab ihrem Unverständnis durch einen deutlich hörbaren Seufzer Ausdruck.

Als Nächstes kam ein Choleriker, der nur die Stärken aufschreiben wollte, weil die Schwächen alle nicht auf ihn zutrafen. Er drückte mit der Kreide so stark auf, dass sie zerbrach. Seine Buchstaben waren so groß, dass sie in die Spalte des Phlegmatikers hineinreichten. Als Karl ihn darauf hinwies, meinte er: »Ich brauchte den Platz.«

Als die Phlegmatikerin dran war, schrieb sie ohne Klagen ihre Wörter um die des Cholerikers herum, die in ihrer Spalte waren.

Karl schickte uns diese Schilderung mit den Worten: »Ich hoffe, Sie können damit etwas anfangen. Meine Frau und ich haben genau entgegengesetzte Temperamente und das Buch *Einfach Typisch!* hat mehr für unsere Ehe getan als alles andere bisher!«

Das Temperament meines Kindes erkennen

Auf den folgenden Seiten haben wir die Grundzüge der Temperamente auf das Verhalten von Kleinkindern, Kindern und Jugendlichen aufgeteilt. Kreuzen Sie die Eigenschaften des jeweiligen Kindes an, sodass Sie zum Schluss von jedem ein Persönlichkeitsprofil haben. (Benutzen Sie für jedes Kind eine andere Farbe oder setzen Sie die Anfangsbuchstaben der Namen vor die entsprechenden Eigenschaften.)

Sanguiniker
Das gewinnende Temperament

Für Kinder: leuchtendes Gelb wie die Sonne

Der Extravertierte · Der Redner · Der Optimist
Sucht das Vergnügen

Stärken	Schwächen

KLEINKINDER

Stärken	Schwächen
☐ große, leuchtende Kulleraugen	☐ schreit nach Aufmerksamkeit
☐ lustig und hinreißend	☐ weiß, dass er oder sie süß ist
☐ gurrt und lacht	☐ braucht ständig Zuwendung
☐ rückt sich gern in den Mittelpunkt	☐ gerät in Schwierigkeiten
☐ reagiert auf Menschen	☐ egozentrisch

KINDER

Stärken	Schwächen
☐ faszinierende Persönlichkeit	☐ führt Dinge nicht zu Ende
☐ wagemutig und eifrig	☐ unorganisiert
☐ unschuldiger Blick	☐ leicht ablenkbar
☐ fröhlich und enthusiastisch	☐ kurze Aufmerksamkeitsspanne
☐ liebt Spaß und Vergnügen	☐ große emotionale Schwankungen
☐ redet viel	☐ sucht Anerkennung
☐ schlagfertig	☐ vergesslich und flüchtig
☐ wird durch Menschen beflügelt	☐ übertreibt

JUGENDLICHE

Stärken	Schwächen
☐ Klassenclown	☐ betrügerisch
☐ bezaubert andere	☐ hat ausgefallene Ausreden
☐ wagemutig	☐ wird leicht in die Irre geführt
☐ tritt Vereinen bei	☐ sehnt sich nach Aufmerksamkeit

☐ beliebt	☐ braucht Bewunderung Gleichaltriger
☐ Mittelpunkt jedes Festes	☐ potentieller Hochstapler
☐ kreativ und farbenfroh	☐ lernt nicht gern
☐ will gefallen	☐ unreif
☐ entschuldigt sich schnell	☐ kann mit Geld nicht umgehen

_____ Stärken gesamt   _____ Schwächen gesamt

Sanguiniker gesamt _____

Choleriker
Das gewaltige Temperament

Für Kinder: loderndes Rot wie ein Feuer

Der Extravertierte · Der Anführer · Der Optimist
Sucht die Kontrolle

Stärken	Schwächen

KLEINKINDER

☐ entschlossener Blick	☐ willensstark
☐ neugierig	☐ fordernd
☐ voller Energie	☐ laut und schrill
☐ ausgelassen	☐ wirft Dinge herunter
☐ frühreif	☐ schläft nicht

KINDER

☐ geborener Leiter	☐ kontrolliert die Eltern
☐ wagemutig und eifrig	☐ manipulativ
☐ arbeitet produktiv	☐ jähzornig

125

- ☐ zielstrebig
- ☐ handelt schnell
- ☐ eigenständig
- ☐ kämpferisch
- ☐ bestimmt
- ☐ vertrauenswürdig

- ☐ dauernd in Bewegung   -
- ☐ besteht auf dem eigenen Willen
- ☐ stellt Autorität auf die Probe
- ☐ streitsüchtig
- ☐ stur
- ☐ trotzig

JUGENDLICHE

- ☐ forsch
- ☐ kompetent
- ☐ kann gut organisieren
- ☐ nimmt Verantwortung wahr
- ☐ löst Probleme
- ☐ selbstsicher
- ☐ motiviert andere
- ☐ brilliert in Notfällen
- ☐ starkes Potential
- ☐ handelt verantwortlich

- ☐ zu herrisch
- ☐ kontrolliert Freunde
- ☐ altklug
- ☐ verachtet Dummerchen
- ☐ zuweilen unbeliebt
- ☐ entscheidet für alle mit
- ☐ beleidigend
- ☐ verurteilt schnell
- ☐ gibt Schuld nicht zu
- ☐ schiebt anderen Schuld zu

Stärken gesamt _____   Schwächen gesamt _____

Choleriker gesamt _____

Melancholiker
Das gründliche Temperament

Für Kinder: tiefes Blau wie der Ozean

Der Introvertierte · Der Denker · Der Pessimist
Sucht Perfektion

Stärken	Schwächen

KLEINKINDER

☐ will gefallen	☐ Angst vor Fremden
☐ ernst und ruhig	☐ trauriger Blick
☐ wohlerzogen	☐ weint oft
☐ liebt Regelmäßigkeit	☐ hängt am Rockzipfel

KINDER

☐ sehr nachdenklich	☐ launisch
☐ talentiert	☐ weinerlich und wählerisch
☐ musikalisch oder künstlerisch begabt	☐ befangen
☐ Tagträumer	☐ zu sensibel
☐ echte/r Freund/in	☐ hört das Negative heraus
☐ perfektionistisch	☐ zurückgezogen
☐ tiefgründig	☐ sieht die Probleme
☐ pflichtbewusst und verantwortlich	☐ redet nicht

JUGENDLICHE

☐ gut in der Schule	☐ zu perfektionistisch
☐ kreativ, forscht gern	☐ depressiv und kritisierend
☐ organisiert und zweckorientiert	☐ neigt zum Minderwertigkeitskomplex
☐ anspruchsvoll	☐ misstrauisch

- ☐ gewissenhaft und pünktlich
- ☐ sauber und ordentlich
- ☐ verständnisvoll
- ☐ sanftmütiger Geist

- ☐ geringes Selbstwertgefühl
- ☐ rachsüchtig
- ☐ lebt durch Freunde
- ☐ braucht Aufmunterung

Stärken gesamt _____

Schwächen gesamt _____

Melancholiker gesamt _____

Phlegmatiker
Das gemütliche Temperament

Für Kinder: kühles Grün wie Gras

Der Introvertierte · Der Jünger · Der Pessimist
Sucht Frieden

Stärken	Schwächen

KLEINKINDER

- ☐ unkompliziert
- ☐ zufrieden
- ☐ glücklich
- ☐ anpassungsfähig

- ☐ langsam
- ☐ schüchtern und zurückgezogen
- ☐ gleichgültig
- ☐ teilnahmslos

KINDER

- ☐ beobachtet andere
- ☐ leicht zum Lachen zu bringen
- ☐ macht wenig Mühe
- ☐ verlässlich
- ☐ liebenswürdig

- ☐ egoistisch
- ☐ unentschlossen
- ☐ meidet Arbeit
- ☐ ängstlich
- ☐ eigensinnig

128

- [ ] nett
- [ ] gelassen

- [ ] faul und schläfrig
- [ ] hängt vorm Fernseher

JUGENDLICHE

- [ ] ansprechende Persönlichkeit
- [ ] geistreicher Humor
- [ ] guter Zuhörer
- [ ] vermittelt bei Problemen
- [ ] zeigt wenig Gefühle
- [ ] übernimmt bei Aufforderung die Führung
- [ ] Haltung der Gelassenheit

- [ ] unentschlossen
- [ ] apathisch
- [ ] zu kompromissbereit
- [ ] unmotiviert
- [ ] sarkastisch
- [ ] unbeteiligt
- [ ] schiebt Dinge auf die lange Bank

Stärken gesamt _____

Schwächen gesamt _____

Phlegmatiker gesamt _____

Wenn Sie die Summen für jedes Kind zusammenzählen, haben Sie ein Persönlichkeitsprofil der Familie, anhand dessen sich viele der bisherigen Schwierigkeiten von selbst erklären. Wenn Ihre Kinder groß genug sind, um über ihre Stärken und Schwächen zu sprechen, könnten diese Ergebnisse ein Anhaltspunkt sein. Wenn die Begriffe zu kompliziert sind, verwenden Sie doch die Farben, die jedem Temperament zugeordnet sind. Sagen Sie dem melancholischen Kind beispielsweise: »Du bist tiefblau wie der Ozean.« Kinder mögen jede Art von Selbstanalyse, wenn man ein Spiel und keine Standpauke daraus macht.

Nun, da Sie die Stärken und Schwächen Ihrer Kinder erkennen, wie können Sie dieses Wissen einsetzen, um Ihre Elternrolle besser erfüllen und den emotionalen Bedürfnissen der Kinder begegnen zu können? Auf den folgenden Seiten finden Sie einige Beispiele.

Verbesserung der Eltern-Kind-Beziehung mit dem neuen Wissen

Das sanguinische Kind

Sie haben ein sanguinisches Kind — freuen Sie sich! Es ist ein lebenslustiges Wesen, das immer im Mittelpunkt des Geschehens steht und Menschen, Vergnügen und Aktivität liebt. Damit einher gehen einige Eigenschaften, die Ihnen womöglich etwas weniger lieb sind. Sanguinische Kinder vergessen, wo sie gerade hinwollten, wie viel Uhr es ist und was sie erledigen sollten. Sie werden leicht durch andere Kinder, einen Hund oder ein Herbstblatt abgelenkt. Jede Kleinigkeit kann ihre Aufmerksamkeit auf etwas Neues lenken und im Nu ist alles vorher Wichtige aus dem Gedächtnis verschwunden.

Diese Kinder sind nicht absichtlich böse, sie vergessen nur, wie sie gut sein können. Jeder Spaß, der ihnen vor die Nase gehalten wird, zieht sie mit magnetartiger Anziehungskraft von der Verantwortung weg.

Wenn man das Naturell dieser reizenden Kinder einmal verstanden hat, kann man ihren Humor genießen und ihnen helfen, zumindest etwas Ordnung in ihr Leben zu bringen. Versuchen Sie nicht, Perfektion anzustreben, denn dann haben sie ein depressives Kind, das im Leben kein Vergnügen mehr sieht. Merken Sie sich, dass diese Kinder keine öde Routine, langweilige Menschen, Kritik, endlose Details oder Ziele, die nur unter Anstrengung erreichbar sind, mögen. Das sanguinische Kind braucht mehr direkte Zuwendung als alle anderen Temperamente. Er oder sie braucht ständig Zuspruch und Lob für jeden kleinen Erfolg. Das Kind sehnt sich nach Streicheleinheiten und Küsschen und will so akzeptiert werden, wie es ist und nicht mit anderen, schlaueren Geschwistern verglichen werden. Es liebt Menschen und wickelt sie oft mit seinem Charme um den Finger. Als Teenager ist der Sanguiniker am beliebtesten und macht alles mit, was sich anbietet.

Diese Sucht nach Vergnügen kann sich zu einem ständigen Partyleben auswachsen. Die Eltern müssen dem Kind Disziplin beibringen, ohne den Frohmut zu unterdrücken. Wenn sie es schaffen, Spaß zu verbreiten, wenn sie viel Aufmerksamkeit und Zuspruch schenken, ohne negative Vergleiche anzustellen und jeden Fortschritt loben, wird das Kind erblühen und eine überaus angenehme Persönlichkeit werden, die zu Hause auf dem Thron sitzt.

Wenn die Eltern jedoch dieses Kind als leichtfertig oder gar überhaupt nicht betrachten, gibt es unter Umständen auf, setzt eine melancholische Maske auf oder verwickelt sich als Jugendlicher in Sex, Drogen oder Alkohol, um sich aufzumuntern wie Constanze.

Constanze hatte die typischen Bedürfnisse eines Sanguinikers. Die Eltern, beide in leitender Funktion einer Gemeinde, waren scheinbar nicht in der Lage, ihr auch nur einen Bruchteil dieser Bedürfnisse zu erfüllen.

»Ich sehnte mich so sehr nach Aufmerksamkeit und Anerkennung von meinem Vater, der außerstande war, sie mir zu geben. Auch er war Sanguiniker mit denselben unerfüllten Bedürfnissen und war so auf Empfangen aus, dass er nichts geben konnte. Wir standen beide den Bedürfnissen des anderen hilflos gegenüber. Auch sehnte ich mich nach Anerkennung von meiner melancholischen Mutter. Aber weil nichts perfekt war, was ich tat, kam kein Lob. Ich versuchte alles. Mit sieben Jahren räumte ich einmal unaufgefordert das Zimmer meines Bruders auf. Ich wartete auf das Lob, bekam aber nur Dresche, weil ich seine Hosen nicht ordentlich an der Bügelfalte aufgehängt hatte.

Einmal beschlossen meine Freundin und ich, meine Mutter bei ihrer Ankunft von der Arbeit mit dem Abendbrot zu überraschen. Als sie ankam, platzte sie und schimpfte mich vor meiner Freundin dafür aus, dass ich die Fleischklöße benutzt hatte, die sie für den nächsten Tag aufgehoben hatte. Solche und andere Erlebnisse führten dazu, dass ich es schließlich aufgab und eine melancholische Schmerzensmaske aufsetzte und versuchte, nie mehr etwas zu fühlen.

Durch euer Buch *Your Personality Tree* (»Dein Temperamentsstammbaum«) haben sich für mich viele Fragen geklärt. Nun weiß ich, wie Gott mich gemacht hat, nämlich als Sanguiniker/Phlegmatiker. Es ist befreiend zu wissen, dass ich einzigartig bin und nicht so sein muss wie meine Mutter, mein Bruder oder mein Mann. Mit Seiner Hilfe kann ich meine eigenen Stärken ausbauen und an meinen Schwächen arbeiten.«

Das cholerische Kind

Sie haben ein cholerisches Kind – seien Sie dankbar, denn es kann Ihnen viel Arbeit abnehmen. Von klein auf suchen Choleriker nach Aufgaben, die sie erledigen können, um den Eltern ein Lob zu entlocken. Sie haben von allen Temperamentstypen das höchste Energieniveau. Wenn Sie sie beschäftigen können und immer wieder Anerkennung aussprechen, werden Sie sich wertvolle Helfer heranziehen. Wenn nicht, geraten die Kinder in Schwierigkeiten, weil sie nicht einfach herumsitzen können. Sie brauchen die Gewissheit, dass die Eltern für sie bester Freund, »Mit-Arbeiter« und Ermutiger sind. Sie wollen hören, wie über ihre glorreichen Erfolge gesprochen wird, wollen sehen, dass ihre Siegerurkunden und Pokale einen Ehrenplatz in der Wohnung bekommen.

Das cholerische Kind ist ein geborener Leiter und hat einen angeborenen Drang, Menschen und Situationen zu kontrollieren. Fördern Sie diese Leitungsbegabung und bringen Sie ihm bei, die Meinungen der anderen gelten zu lassen, auch wenn sie anders als die seinige sind. Sagen Sie ihm, dass es nie ein guter Leiter sein kann, wenn es zu gebieterisch ist und andere nicht für voll nimmt.

Kommen Sie dem Bedürfnis nach Einfluss entgegen, indem Sie es in Familienentscheidungen mit einbeziehen. Es hat im Allgemeinen eine frühreife Urteilskraft und äußert gern seine Meinung.

Es kann sehr kämpferisch sein und muss lernen, dass einmal verlieren nicht allgemein versagen heißt. Es meint, der Zweck heilige die Mittel und empfindet Mogeln als akzeptabel, wenn es zum Sieg führt. Achten Sie auf diese Haltung und vermitteln Sie ihm, dass Ehrlichkeit wichtiger ist als Manipulation. Das ist natürlich ein schwieriges Unterfangen, wenn es spürt, dass Sie selbst diesem Gesetz nicht treu sind. Wenn Sie sich am Telefon verleugnen lassen oder nach Polizei Ausschau halten lassen, während Sie rasen, brauchen Sie sich nicht zu wundern, dass Ihr Vortrag über Ehrlichkeit missachtet wird.

Mit gutem Vorbild und viel Anerkennung für gelungene Aufgaben, können Sie einen Präsidenten heranziehen. Wenn aber die Bedürfnisse nicht erfüllt werden, entwickelt sich eine arbeits- und anerkennungssüchtige Person, die leider nie ganz ihr Potential erreicht — wie Petra.

Petra lebte in einer Familie, in der nach ihren Worten »Missbrauch auf jeder Ebene« geschah. Sie wurde nie ermutigt und trieb deshalb ihr cholerisches Naturell auf die Spitze, um sich vielleicht doch Anerkennung zu verdienen. Im Erwachsenenalter begann sie, den mehrfachen Missbrauch zu verarbeiten und merkte, dass sie einen Arbeitszwang entwickelt hatte, mit dem sie immer noch nach der Anerkennung suchte, die ihr als Kind verwehrt worden war. Als sie das Muster erkannte, begann sie ihr Tempo zu drosseln. Sie erzählte uns: »Nachdem ich Ihren Vortrag gehört habe, stelle ich meine Sprintschuhe ins Regal und gehe barfuß über die Wiese — und nehme mir Zeit, an den Blumen zu riechen.«

Das melancholische Kind

Sie haben ein melancholisches Kind — Sie haben möglicherweise ein Genie produziert, das aber von allen Temperamentstypen der behutsamsten Pflege bedarf. Melancholiker sind von Kindesbeinen an ernst und mögen von aufgekratzten sanguinischen Eltern nicht aufgemuntert werden. Schon als Kind genießt der Melancholiker ruhige, meditative Momente und ist beleidigt, wenn laute Geschwister ihn zu irgendwelchen Frivolitäten bewegen wollen. Das melancholische Kind ist sehr verletzlich und nimmt die gedankenlosen Kommentare eines Sanguinikers persönlich. Es braucht Eltern, die sich Zeit nehmen, sich in ruhiger Atmosphäre mit ihm über seine innersten Gedanken zu unterhalten. Es wird nicht gleich seine Gefühle offenbaren, sondern die Eltern auf die Probe stellen: Wie lange werden Sie sich nach ihm ausstrecken? Werden Sie ungeduldig und geben es auf wie ein Choleriker? Werden Sie es mit einer flapsig humorvollen Bemerkung verletzen wie ein Sanguiniker? Werden Sie einnicken, während Sie auf ein Wort des Kindes warten wie ein Phlegmatiker? Oder werden Sie warten?

Das melancholische Kind ist oft unsicher, lässt schnell die Rollladen herunter und zieht sich aus Familienaktivitäten zurück, wenn ihm nicht mit Geduld und Einfühlungsvermögen begegnet wird. Die Beschuldigung, es sei langweilig und depressiv zieht es nur noch weiter in den Abgrund hinunter. Es braucht ruhige Anerkennung für seine Tiefe und seine Fähigkeiten. Es braucht außerdem einen Ort, der ihm ganz allein gehört, wo niemand an seine Sachen darf, möglichst ein eigenes Zimmer. Vor allem aber sollte es nicht ein Zimmer mit sanguinischen Geschwistern teilen, die Bleistifte klauen und schmutzige Socken herumliegen lassen. Merken Sie sich: melancholische Kinder brauchen Geborgenheit, Regelmäßigkeit, Abgeschiedenheit und Ruhe. Die Worte: »Lach doch mal wieder«, bringen ihnen gar nichts; sie müssen hören: »Ich glaube an dich.« Irene hat diesen Zuspruch nie bekommen und lernte zu glauben, sie sei nichts wert.

»Ich hatte keine Freude im Leben«, erzählte sie uns. »Ich hatte eine sehr harte Kindheit ohne Liebe, ohne Ermutigung. Als ich Christ wurde, wusste ich nicht, warum ich so kleinlich, immer ordentlich und willensstark war. Ich dachte, mein Weg wäre der einzig Richtige.

Nachdem ich aus lauter Selbstverachtung den falschen Mann geheiratet hatte, wies mich ein Seelsorger auf das Buch ›Einfach Typisch!‹ hin. Hier lernte ich, dass ich melancholisch/cholerisch bin, und das erklärte vieles. Die Wahrheit über mich selbst hat mein Selbstverständnis erneuert und mich von vielerlei Schmerz und emotionalen Lasten befreit.«

Das phlegmatische Kind

Sie haben ein phlegmatisches Kind — lehnen Sie sich zurück, denn Sie haben es am einfachsten bei der Erziehung. Das phlegmatische Kind will von vornherein gefallen und niemandem zur Last fallen. Als Säugling schon liegt es friedlich, wo man es hinlegt und isst wann und was ihm dargeboten wird. Dieses phlegmatische Kind ist diametral gegensätzlich zum cholerischen und kann von herumkommandierenden Geschwistern gleich welchen Alters völlig überwältigt werden. Es schlägt nicht zurück, sodass es den besonderen Schutz der Eltern gegen ständiges Ärgern braucht. Es ist leicht eingeschüchtert und beklagt sich nicht, denn mit Petzen handelt es sich nur noch mehr Ärger ein.

Das phlegmatische Kind hat einen angenehmen, leisen Humor. Es behauptet sich nicht gegen den sanguinischen Auftritt der Schwester, macht aber eine lustige Bemerkung, wenn jemand gerade zuhört. Die Eltern müssen ihm vermitteln: »Ich liebe deine friedliche Art. Bei dir fühle ich mich wohl.« Die Tendenz ist jedoch: »Wann wirst du dich endlich zu etwas Sinnvollem aufraffen?« Diese Herausforderung überfordert den Phlegmatiker und führt eher zum Gegenteil.

Da das phlegmatische Kind ohnehin eine geringe Eigeninitiative hat, müssen die Eltern ihm behutsam helfen, seinen Weg zu finden. Es hat meist einseitige Interessen und ihm zu helfen ist wie, wenn man es in einen Markt der Möglichkeiten führt und geduldig alles erklärt, bis es auf irgendetwas anspringt. Das ist zermürbend, besonders für cholerische Eltern, die schnelle Entscheidungen treffen und Unentschlossenheit nicht ausstehen können. Aber es ist besser als die Aussicht auf ein Kind, das ständig vor dem Fernseher hockt. Merken Sie sich, dass das phlegmatische Kind ein geringes Energiepotential hat, Entscheidungen und Verantwortung meidet und Spannung, Streit und Konflikte hasst. Geben Sie ihm liebevolle Zuwendung und schützen Sie es vor Gegenwind. Dann wird dieses Kind ein Freund fürs Leben werden und Ruhe und Frieden ausstrahlen, wenn die Welt unterzugehen droht.

Hannah, eine Phlegmatikerin, die ihr Leben lang dachte, sie wäre sonderbar, erkannte schließlich: »Ich bin Phlegmatikerin, und das ist gut so. Ich bin gar nicht merkwürdig.« Hannah liebte es, allein in ihrem Zimmer zu sitzen, weit weg vom Lärm der Familie.

»Ich wohnte jedoch in einer Nachbarschaft, wo viele Italiener waren«, schrieb sie uns, »die alle laut redeten, laut lachten und sehr viel gestikulierten. Ich fand das furchtbar peinlich, und sie dachten, ich sei sonderbar.

Meine Mutter (jetzt weiß ich, dass sie Sanguinikerin war) war mir eine ständige Quelle der Scham. Sie liebte alle Leute, ob sie sie kannte oder nicht. Sie sprach mit Fremden, als seien es gute Freunde und — das war das Schlimmste — sie umarmte jeden, der es zuließ! All das ließ mich in den Boden versinken.

Eines Abends, nachdem unsere Gäste gegangen waren, fragte sie mich: ›Magst du Onkel Josef nicht?‹

›Natürlich mag ich ihn‹, gab ich zur Antwort.

›Onkel Josef denkt, du magst ihn nicht, weil du ihn nicht umarmt hast‹, bemerkte sie.

Als ich einundzwanzig Jahre alt war, wurde meine Mutter sterbenskrank. Ich nahm unbezahlten Urlaub und verbrachte die nächsten sechs Monate damit, meine Mutter zu lieben, sie zu umarmen und für sie zu sorgen. Ich versuchte damit, all das wieder gutzumachen, was ich ihr in den Jahren vorher nicht zeigen konnte.

Es fand eine großartige Heilung statt, als ich Christ wurde und Jesus mit seiner Liebe mein Herz erfüllte. Ich hatte dadurch größere Freiheit, meine Zuneigung denen zu zeigen, die mir nahe sind.

Die eigentliche Heilung fand jedoch statt, als ich auf einem Ihrer Seminare für christliche Leiter, Autoren und Redner war und durch den Test zum Persönlichkeitsprofil feststellte, dass ich Phlegmatikerin bin. All die Eigenschaften, die ich als sonderbar angesehen hatte, sind eigentlich ganz normal. Und das Beste ist: Gott hat mich so gemacht. Er versichert mir, dass er einen guten Plan für mich hat. Er wird mir helfen, meine Stärken zu fördern und an meinen Schwächen zu arbeiten. Zudem werde ich, je mehr ich lerne, mich selbst anzunehmen, auch die anderen, die Sanguiniker, Melancholiker und Choleriker lieben lernen, ohne mich dabei sonderbar zu fühlen.«

Das Verständnis für die Temperamentsmerkmale Ihrer Kinder kann die Familienatmosphäre erheblich verbessern. Einige dieser Merkmale sind in der folgenden Tabelle »Emotionales Auf und Ab« zusammengefasst. Obwohl sie mit Blick auf Erwachsene entstand, werden Sie viele Kennzeichen auch in Ihren Kindern entdecken.

Emotionales Auf und Ab

emotionale Bedürfnisse	Gründe für Depressionen	Stressbewältigungs- mechanismen	Energiepotential
GEWINNENDER SANGUINIKER			
Aufmerksamkeit von allen	Das Leben macht keinen Spaß	Bummeln gehen	Von Menschen beflügelt
Zärtliche Berührung	Keine Zukunftsaus-	Mit Freunden Feste feiern	Hektisch
Anerkennung für jede Tat	sichten	Essen	Hat Erschöpfungsanfälle
Annahme der Person	Sich ungeliebt fühlen		

emotionale Bedürfnisse	Gründe für Depressionen	Stressbewältigungs-mechanismen	Energiepotential
GRÜNDLICHER MELANCHOLIKER			
Sensibilität und Verständnis Trost bei Niederge-schlagenheit Raum für sich allein Ruhe ohne Menschen	Das Leben läuft nicht glatt Unerträglicher emotionaler Schmerz Mangelndes Verständnis	Sich vor Menschen zurückziehen Lesen, lernen, in sich gehen, beten Schlafen gehen	Mittleres Energieniveau Von Menschen entkräftet Braucht Ruhe und Frieden
GEWALTIGER CHOLERIKER			
Leute auf seiner Seite/Loyalität Das Gefühl, alles im Griff zu haben Annahme Anerkennung der Erfolge	Das Leben gerät außer Kontrolle Probleme mit Geld, Arbeit, Partner, Kindern oder Gesundheit	Mehr arbeiten Mehr Sport treiben Fernbleiben von unveränderlichen Situationen	Größtes Energiepotential Braucht wenig Ruhe Lebt durch Macht über Menschen auf
GEMÜTLICHER PHLEGMATIKER			
Ruhe und Frieden Wertschätzung Stressfreiheit Respekt der Person	Das Leben ist ein Chaos Notwendigkeit, sich Schwierigkeiten zu stellen	Sich in die eigene Welt zurückziehen Fernseher anschalten Essen und schlafen	Niedrigstes Energie-potential Braucht viel Ruhe Von Menschen entkräftet

Welch ein Segen, wenn wir uns selbst verstehen, andere Menschen (besonders die eigenen Kinder) bedingungslos akzeptieren und ihren Bedürfnissen begegnen können.

Teil III

Ein Problem in der Vergangenheit

7

Woher kommt die Ablehnung?

Während des Fragen-und-Antworten-Teils bei einem unserer Seminare, hob eine junge Frau die Hand und fragte: »Kann man das Gefühl haben, abgelehnt zu sein, obwohl die Eltern nette Menschen waren?«

Freds Antwort war: »Die meisten Menschen lehnen ihre Kinder nicht wissentlich ab. Was hat Ihnen denn dieses Gefühl gegeben?«

»Nun, meine Eltern waren gesellschaftlich angesehene Leute und gingen oft aus. Wenn ich dann kam, um Tschüss zu sagen, hielt mich meine Mutter mit den Worten auf: ›Nicht anfassen, du könntest mein Kleid schmutzig machen.‹ Als ich älter wurde, verabschiedete ich mich nur noch von der Tür aus. Meiner Mutter schien das recht zu sein. Ich merke jetzt, dass sich das Gefühl in mir breit gemacht hat, ihr seien ihre Kleider wichtiger als ich.«

Diese Frau war sehr lässig gekleidet und fiel dadurch sogar unter den anderen Frauen auf. Da stand eine andere Frau auf, die makellos zurechtgemacht war. Sie hatte glatte schwarze Haare, eine helle Haut und dunkle Augen. Sie wandte sich zur ersten Frau und meinte: »Sicher tragen Sie T-Shirts, damit Sie nicht so aufpassen müssen, und damit Ihre Kinder wissen, dass Sie sie lieb haben.« Dieser Kommentar traf die erste Frau schwer, und sie brach in Tränen aus.

Die zweite Frau, offensichtlich Cholerikerin, hatte wenig Mitleid und schilderte ihre eigene Geschichte. »Sie denken sicher alle, ich sei gut gekleidet und selbstbewusst.«

140

Die Damen nickten.

»Das ist nur aufgesetzt. Mein Vater hat mir als Kind gesagt, er hatte gehofft, ich würde blond mit blauen Augen sein, denn ›Männer mögen Blonde immer lieber‹. Einmal habe ich mir für ihn sogar die Haare blond gefärbt, was aber nichts brachte. Er sagte nur, das sei noch schlimmer. ›Du solltest dunkel bleiben, wenn du schon mal so geboren bist‹, meinte er. Sie können sich vorstellen, wie ich mich fühlte. Also habe ich versucht, mit Mode und Designerware trotz meiner dunklen Haare bei den Menschen Gefallen zu finden.«

Als die Frau ihren Diskurs beendet hatte, stand eine Dritte auf mit unbändigen, braunen Locken und Ohrringen bis zu den Schultern. Sie war uns aufgefallen, da sie für diesen eher konservativen Kreis ungewöhnlich enge Kleider mit tiefem Ausschnitt trug. Sie hatte uns schon anvertraut, dass sie mehrmals verlobt gewesen war, aber jedes Mal kurz vor der Hochzeit Panik bekommen und die Beziehung abgebrochen hatte.

Diese Frau sah aus, als hätte sie gerade eine Offenbarung gehabt. »Jetzt verstehe ich«, sagte sie. »Mein Vater hat mir gesagt, ich solle groß werden, weil nur große Frauen anziehend seien. Ich schaffte aber nicht mehr als 1,50 Meter, und so habe ich mit der Kleidung versucht, Männer anzuziehen. Wenn es aber dann ernst wird, bekomme ich Angst, weil ich weiß, dass der Schein trügt.« Die Frauen applaudierten ihr für ihre Ehrlichkeit und Erkenntnis.

All diese drei Frauen hatten Ablehnung erfahren. Sie hatten Eltern, die nichts Böses im Sinn hatten, und ihnen doch vermittelt hatten, dass sie nicht liebenswert waren, wie sie waren. Diese Ablehnung zeigte sich bei allen in der Kleidung. Die Erste trug lässige Kleider, damit ihre Kinder keine Distanz zu ihr empfinden sollten. Die Zweite trug teure Kleidung, sodass sie auch ohne blondes Haar modisch wirkte. Die Dritte trug hautenge Kleider, um Männer anzuziehen, obgleich sie nicht groß und schlank war.

Es ist besser, nach den Ursachen für unsere Empfindungen und unser Verhalten zu suchen, als an der Oberfläche zu flicken. Jede dieser drei Frauen hätte durchaus ihre Kleidung und Haarfrisur ändern können. Das hätte jedoch an ihrem Selbstbild nichts geändert.

Wir wollen uns den Begebenheiten stellen und herausfinden, warum wir uns so fühlen und wann wir zum ersten Mal dachten, wir genügten den Anforderungen der wichtigen Menschen in unserem Leben nicht. Gehen Sie aufmerksam die folgenden Fragen durch und kreisen Sie Ja oder Nein ein. Möglicherweise werden Sie über die Erkenntnisse erstaunt sein.

Die Wurzeln der Ablehnung verstehen

Gefühle in der Kindheit

1. Hatten Sie als Kind das Gefühl, dass die anderen Geschwister mehr Zuwendung bekamen als Sie?   Ja Nein
2. Haben Sie sich als Kind zuweilen ungeliebt gefühlt?   Ja Nein
3. Haben Sie sich manchmal in den Schlaf geweint?   Ja Nein
4. Hatten Sie das Gefühl, dass Ihre Eltern nicht so oft zu wichtigen Ereignissen wie Schulaufführungen, Sportfesten und Wettbewerben kamen wie die anderer Kinder?   Ja Nein
5. Sehen Sie auf Bildern aus der Kindheit oft traurig aus?   Ja Nein
6. Haben Sie sich im Bett manchmal selbst umarmt, einfach weil Sie die Berührung brauchten?   Ja Nein
7. Haben Sie sich als Kind manchmal gefragt, warum Sie überhaupt geboren wurden?   Ja Nein
8. Wissen Sie seit Sie denken können, dass Sie nicht gewollt waren oder dass sich Ihre Eltern eigentlich einen Jungen (ein Mädchen) wünschten?   Ja Nein

9. Hat Ihre Mutter jemals gesagt: »Wenn es euch Kinder nicht gäbe, dann könnte ich...«   Ja Nein

10. Hatten Sie Schwierigkeiten mit der Beantwortung dieser Fragen, weil Sie sich nur schlecht oder gar nicht an die Kindheit erinnern können?   Ja Nein

Summe der mit Ja beantworteten Fragen: _____

Hinweis: Ein Ja bei der 10. Frage ist ein klares Indiz dafür, dass die Probleme, die Sie jetzt mit Ablehnung haben, aus der Kindheit herrühren.

Erinnerungen aus der Jugend

11. Fragen Sie sich, warum sich in Ihrer Jugend keiner Zeit genommen hat, um Sie zu unterstützen bei:
    a) Entscheidungen über Schule und Ausbildung?   Ja Nein
    b) der Auseinandersetzung mit dem anderen Geschlecht?   Ja Nein
    c) der Vorbereitung auf ein Bewerbungsgepräch?   Ja Nein

12. Hatten Sie Träume, die Sie sich nie erfüllt haben?   Ja Nein
    Was für Träume waren das?
    a) _____
    b) _____
    c) _____

13. Haben Sie mitunter abseits von einer Gruppe Jugendlicher gestanden, weil Sie das Gefühl hatten, nicht so beliebt zu sein?   Ja Nein

14. Haben Sie als Jugendlicher Dinge getan, die Sie jetzt bereuen?   Ja Nein
    Taten Sie es nur, um Aufmerksamkeit zu erregen?   Ja Nein
    Welche Dinge waren das?
    a) _____
    b) _____
    c) _____

15. Wenn Sie als Jugendlicher sexuell aktiv waren, war der wahre Grund, dass
    a) Sie als Mädchen einfach jemanden brauchten, der Sie hält und lieb hat? Ja Nein
    b) es Ihnen als Junge das Gefühl gab, wirklich ein Mann und damit wertvoll zu sein? Ja Nein
16. Wollten Sie stellenweise ausreißen, weil Sie dachten, keiner mag Sie? Ja Nein
17. Haben Sie gezögert, sich mit einem Freund/ einer Freundin zu verabreden, weil Sie eine Absage fürchteten? Ja Nein
18. Hatten Sie einen körperlichen Fehler oder ein Merkmal, das Ihnen peinlich war? Ja Nein
19. Hatten Sie, wenn Sie einen Raum betraten, das Gefühl, andere redeten über Sie, weil Sie nicht gut genug aussahen? Ja Nein
20. Haben Sie sich mitunter gewünscht, zum Kapitän gewählt zu werden, wussten aber, es würde nie geschehen? Ja Nein
21. War Ihr Leben als Jugendlicher zeitweilig so enttäuschend oder schmerzlich, dass Sie sich fragten, ob es überhaupt einen Grund gab zu leben? Ja Nein

Summe der mit Ja beantworteten Fragen: _____

Empfindungen als Erwachsener

22. Wenn Sie als Frau bei einem Empfang ankommen, fühlen Sie sich oft falsch gekleidet? Ja Nein
    Wünschen Sie sich als Mann, Sie wären nie zum Empfang gekommen? Ja Nein
23. Glaubten Sie, dass Sie in der Ehe jemanden haben würden, der Sie liebt und hält, auf den Sie sich verlassen können? Ja Nein

24. Träumen Sie bisweilen, dass Sie fliegen und auf alle anderen herunter schauen können? Ja Nein

25. Denken Sie manchmal, Gott liebt zwar andere, aber Sie kann er gar nicht wirklich lieben? Ja Nein

26. Sind Sie wegen Depression in Therapie gewesen, oder dachten zumindest, Sie sollten es doch mal versuchen. Ja Nein

27. Wissen oder ahnen Sie, dass Sie als Kind sexuell belästigt oder missbraucht worden sind? Ja Nein

Summe der mit Ja beantworteten Fragen: _____

Empfindungen in der Ehe

28. Ist es sehr wichtig, dass Ihr Partner häufig sagt: »Ich liebe dich«? Ja Nein

29. Wenn Sie Ihrem Partner ein Bedürfnis nach Intimität mitteilen und er oder sie nicht darauf eingeht, sind Sie verletzt, schmollen Sie oder ziehen sich innerlich zurück? Ja Nein

30. Denken Sie manchmal, Ihr Partner liebt Sie doch nicht, wenn er oder sie einen Vorschlag macht, der in Ihren Ohren kritisch klingt? Ja Nein

31. Wenn Ihr Partner begeistert über jemanden des anderen Geschlechts reden würde, hätten Sie das Gefühl, nicht genügen zu können? Ja Nein

32. Werden Sie leicht frustriert, wenn Ihr Partner etwas ohne Sie unternehmen möchte? Ja Nein

Summe der mit Ja beantworteten Fragen: _____
Gesamtsumme: _____

Schon bei zwei oder drei Ja-Antworten, kann es sein, dass Sie mit Ablehnung zu kämpfen haben, ohne sich dessen bewusst zu sein. Ihre Antworten geben Ihnen auch einen Einblick, auf welche Weise sich dieses Gefühl der Ablehnung auf Ihr jetziges Leben auswirkt. Das Gefühl ungeliebt, unwürdig, nicht angenommen oder verlassen zu sein, beraubt uns unserer Antriebskraft und bewirkt, dass wir weit unterhalb unseres Potentials bleiben.

Fred erzählt: »Als Kind hatte ich immer das Gefühl, nicht geliebt zu sein. Ich hatte in vielerlei Hinsicht eine perfekte Kindheit: viel Geld, ein großes Haus, gebildete Eltern. Die waren aber so beschäftigt, dass ich dachte, ich sei ihnen egal. Ich meinte, wenn ich nur gut genug wäre, würde jemand mich vielleicht lieben und schätzen, was ich alles geleistet hatte. Wenn ich besser wäre, würden die anderen aufhören, mich zu hänseln und sich über mich lustig zu machen, vielleicht würden meine Freunde mich mehr mögen. Ich hatte nie mehr als ein oder zwei Freunde zu einer Zeit und beneidete heimlich die, die viele Freunde hatten. Warum wurde ich nicht angerufen und eingeladen? Warum hoffte ich immer auf eine Einladung und war dann bitter enttäuscht, wenn ich allein zu Hause blieb?«

Gefühle wie Fred sie hier beschreibt wirken auf andere Menschen oft eher abstoßend als anziehend. Es wird ein Teufelskreis: Weil Spielen mit dem verletzten Kind keinen Spaß macht, wollen andere Kinder nicht mit ihm zusammen sein. Das Kind spürt dies und fühlt sich wiederum abgelehnt. Es hat gewöhnlich ein oder zwei Freunde, die emotional in einer ähnlichen Lage sind. Sogar bei Kindern gilt: Gleich und Gleich gesellt sich gern.

Ihre Ja-Kreise im Fragenkatalog weisen auch darauf hin, wie früh sich bei Ihnen solche Gefühle eingestellt haben. Beim Fortgang durch das Jugend- und Erwachsenenalter erkennen Sie, wo das Gefühl der Ablehnung sie beeinflusst hat, damals wie auch heute in der Ehe, im Beruf, in der Gemeinde und in zwischenmenschlichen Beziehungen. Auch lebenswichtige Entscheidungen treffen wir auf der Grundlage unseres Selbstbildes, sei es gesund oder verzerrt.

Fred erinnert sich: »In den Jahren meiner Geschäftstätigkeit habe ich viele Entscheidungen getroffen, die nicht wohl überlegt und vorher geprüft waren. Ich hoffte, dadurch zum schnellen Erfolg zu gelangen, um mich dann gut fühlen zu können. Die Menschen sollten meine Leistung sehen und mich beachten. Tief innen, nie vor mir selbst zugegeben, schlummerte außerdem der Wunsch, meinen Eltern zu zeigen, dass ich es doch zu etwas bringen konnte.

Ich erinnere mich, dass ich mit Anfang dreißig einen Elektroartikel fand, den ich dachte über Versand vermarkten zu können, um mir ein zusätzliches Einkommen zu schaffen. Ich war schon im Bereich Gastronomiemanagement selbstständig tätig und dachte in meinem jugendlichen Leichtsinn, es gäbe keine Grenzen an Zeit oder Kraft. Sollte dieses Unternehmen erfolgreich sein, hätte ich nicht einen, sondern zwei florierende Betriebe. Das wäre wundervoll! Seht her, was ich auf die Beine gestellt habe! Gefühle der Ablehnung sind nie eine gute Grundlage für einen neuen Geschäftszweig.

Ich nahm Kontakt mit dem Hersteller auf, und er willigte ein, mit mir ins Geschäft zu kommen. Ich schuf meine eigenen Anzeigen, um die Werbekosten einzusparen oder selbst zu verdienen. In meinem grenzenlosen Selbstbewusstsein kreierte ich die Anzeigen und schaltete sie in zehn monatlich erscheinenden Zeitschriften. Was war ich stolz, als diese Zeitschriften mit meiner gelungenen Anzeige erschienen! Gut waren sie geworden. Nun brauchte ich nur noch zu warten, bis der Postbote mir säckeweise die Bestellungen brachte und die Überweisungen auf meinem Konto erschienen. Jawohl, ich war auf dem Weg zum Erfolg!

Täglich kam ich von meinem Büro nach Hause in der Erwartung, eine ständig wachsende Anzahl von Bestellungen bearbeiten zu können. Dann kamen die ersten paar, dann ein paar mehr. Nach zwei oder drei Wochen ebbte der Fluss wieder etwas ab, und bald war die erwartete Flut zu einem kläglichen Rinnsal vertrocknet. Ein Jahr lang kam die erstaunliche Menge von ein oder zwei Bestellungen pro Monat. Für einen Verkaufspreis von ca. 15,– DM war das kein großes Geschäft!

Trotz all meiner Voreiligkeit hatte ich doch eine gute Entscheidung getroffen: Obwohl ich ein relativ preiswertes Minimum von 700 Geräten verbindlich kaufen musste, ließ ich sie mir doch in Einheiten von 50 je nach Bedarf zuschicken. Glücklicherweise hatte ich zum Schluss nur zwei oder drei Einheiten nicht verkauft, sodass der Verlust nicht so groß war, wie er hätte sein können.

Warum hatte ich gleich in zehn Zeitschriften meine Anzeige geschaltet? Warum hatte ich nicht zunächst die Marktchancen überprüft? Weil ich so dringend einen Erfolg suchte. Aufgrund meiner tiefen Verletzung durch Ablehnung brauchte ich einen Sieg – und nicht nur einen kleinen. Leider (oder zum Glück) starb das Projekt noch in den Anfängen, Opfer meiner unreifen Impulsivität.

Damals wusste ich noch nicht, dass meine emotionale Entwicklung durch ein Kindheitstrauma im Kindesstadium stecken geblieben war. Erst 25 Jahre später sollte diese Ablehnung entlarvt und der Ausgleich meiner emotionalen Entwicklung mit meinem Körper und meinem Verstand ermöglicht werden. Ich wünschte, dieses wäre meine einzige emotional unreife Entscheidung gewesen. Es folgten jedoch viele, viele mehr. Und jede Entscheidung hatte Konsequenzen, die früher oder später getragen werden mussten. Die Fehlerkette brach nicht ab, bis ich bereit war, zunächst zu akzeptieren, dass ich ein Problem hatte und dann auf die Suche nach der Ursache dieses Problems zu gehen. Ich hatte keine Ahnung, wie tief dieses Gefühl der Ablehnung mein jetziges Leben in jeder Hinsicht beeinflusste – in der Ehe, im Beruf, in meinem Selbstwertgefühl und in meinem Glauben.«

Oswald Chambers schreibt: »Impulsivität ist bei einem Kind gesund, aber bei einem erwachsenen Menschen katastrophal.«[1] Seiner Meinung nach wird jedes Projekt scheitern, das nicht zuvor »der Überprüfung durch Christus« unterzogen wird.[2]

»Ich kannte Christus nicht einmal und wusste nicht, wie ich ihm gehorchen sollte, als ich diese Probleme hatte«, sagt Fred. »Ich funktionierte einfach aufgrund dieser impulsiven, ewig zur Unreife verurteilten Gefühlswelt.«

Jesus sagt: »Ich bin gekommen, (a) damit sie Leben (ewiges Leben) haben und es (b) in Überfluss (innerer Frieden hier auf Erden) haben« (Joh. 10, 10).

Der erste Schritt ist zu akzeptieren und zuzugeben: »Ich habe ein Problem.« – »Ich bin nicht so glücklich, wie ich gern wäre.« – »Ich habe nicht den inneren Frieden, den ich gern hätte.« – »Ich bin mit meinem derzeitigen Leben nicht zufrieden.«

Die meisten von uns neigen dazu, Probleme, die wir erkannt haben, auf andere Menschen oder Umstände abzuschieben: Wenn er oder sie sich nur verändern würde; wenn er oder sie nur mehr Verständnis zeigen würde; wenn ich nur mehr Geld, weniger Kinder, weniger Verpflichtungen, mehr Hilfe hätte. Was fällt Ihnen noch ein, das sie für ein glücklicheres Leben bräuchten?

Es ist so einfach, nur das Äußerliche zu betrachten, wo wir doch einmal einen Blick auf uns selbst werfen und herausfinden sollten, wo uns der von Jesus versprochene Frieden und die Freude geraubt worden sind. »Frieden gebe ich euch; nicht wie die Welt gibt, gebe ich euch – damit meine Freude in euch sei und eure Freude vollkommen werde« (Joh. 14, 27; 15, 11). »Und eure Freude nimmt niemand von euch« (Joh. 16, 22).

Aus diesen Versen geht deutlich hervor, dass Freude und Frieden Gaben sind, und dass wir berechtigt sind, sie zu empfangen. Berauben die Gefühle der Ablehnung Sie des Friedens und der Freude, auf die Sie ein Anrecht haben?

Anhand des ausgefüllten Fragebogens über Wurzeln der Ablehnung wollen wir die Ereignisse und Gefühle identifizieren, die dazu geführt haben, dass Sie sich nicht angenommen fühlen. Listen Sie im Folgenden jede Frage einzeln auf, die mit Ja beantwortet wurde. Fassen Sie dann kurz Ihre Empfindungen zusammen. Halten Sie schließlich die Wahrheit dagegen, die Gott Ihnen als Erwachsener zusagt.

Zwei Beispielsätze sollen Ihnen dabei behilflich sein. Es gibt bei Ihren Gefühlen kein richtig oder falsch, schreiben Sie also die Wahrheit. Sie können eine Bibelarbeit aus dieser Übung machen, indem Sie die jeweiligen Hauptwörter in einer Konkordanz nachschlagen und Verse finden, welche die Wahrheit untermauern.

Wahrheit contra Ablehnung

Frage   **Gefühle**

1   *Ich fühlte mich immer vernachlässigt.*

Wahrheit: Obwohl ich es als Kind so empfand, werde ich es als Erwachsener nicht zulassen, dass mich diese Gefühle gefangen nehmen.

2   *Keiner hat mir gesagt: »Ich liebe dich.«*

Wahrheit: *Gott Vater, nimm von mir dieses Gefühl aus der Kindheit, denn ich weiß, dass du mich liebst, immer geliebt hast und immer lieben wirst.*

Nun sind Sie dran. Listen Sie die mit Ja beantworteten Fragen auf. Fassen Sie dann Ihre jeweiligen Empfindungen zusammen und stellen Sie die Wahrheit dagegen. (Überspringen Sie diese Selbsthilfe-Übung nicht.)

Frage   **Gefühle**

1.

_____

Wahrheit:

_____

_____

2.

_____

Wahrheit:

_____

_____

3.

_____

Wahrheit:

_____

_____

4.

_____

Wahrheit:

_____

_____

5.

_____

Wahrheit:

_____

_____

6.

_____

Wahrheit:

_____

_____

7. _____

Wahrheit: _____
_____

8. _____

Wahrheit: _____
_____

9. _____

Wahrheit: _____
_____

10. _____

Wahrheit: _____
_____

11. _____

Wahrheit: _____
_____

12. _____

Wahrheit: _____
_____

13. _____

Wahrheit: _____

14. _____

Wahrheit: _____
_____

15. _____

Wahrheit: _____
_____

Ein Merkmal, das wir immer wieder beobachten können, ist dass Menschen ungern die Arbeit tun, die notwendig ist, um Heilung und Befreiung zu erlangen. Sie wollen lieber eine Tablette nehmen, die all ihren Schmerz und die Qualen wegspült. Weshalb sonst nehmen so viele Menschen Psychopharmaka, um sich aus ihrer Depression herauszuholen? Warum sonst gehen so viele Menschen wöchentlich zur Seelsorge oder Therapie, zum Teil unter hohen Kosten, in Anspruch, um Hilfe, aber selten Freiheit zu bekommen. Warum fällt es uns so schwer, eine Stunde täglich zum wunderbaren Ratgeber (Jes. 9, 5) zu gehen, um die Heilung und Befreiung zu empfangen, die nur Gott uns geben kann?

Er wird Ihnen Ruhe geben, wenn Sie mühselig und mit emotionaler Last beladen sind. Diese Verheißung ist jedoch an eine Bedingung geknüpft. Sie müssen dazu etwas tun. Sie müssen zu ihm kommen. Sie müssen täglich zu ihm kommen.

Wie kommen Sie am besten zu ihm? Ist es nicht im Gebet? Wenn Sie bereit sind, Medikamente zu nehmen oder viel Geld für einen Therapeuten auszugeben, wären Sie nicht auch bereit, eine Stunde täglich im Gebet zu Jesus zu kommen? Er sagt: »Könnt ihr denn nicht eine einzige Stunde mit mir wachen? Bleibt wach und betet, damit ihr die kommenden Tage übersteht könnt. Ich weiß, ihr wollt das Beste, aber aus eigener Kraft könnt ihr es nicht erreichen« (Mt. 26, 40. 41).

Sie haben nun möglicherweise festgestellt, dass einige, wenn nicht die meisten Ihrer jetzigen emotionalen Schwierigkeiten auf Ablehnung zurückzuführen sind und stehen vor einer Entscheidung. Sind Sie bereit, die Arbeit an der Heilung in Angriff zu nehmen? In den Jahren unseres Seelsorgedienstes haben wir ein Muster entdeckt: *Diejenigen, die bereit waren, ihr Bestes zu geben, haben den größten Fortschritt in der kürzesten Zeit gemacht.*

Haben Sie den Teil »Wahrheit contra Ablehnung« ausgefüllt? Menschen, die solche Aufgaben überspringen, kehren selten wieder zu ihnen zurück, und es entgeht ihnen der Nutzen, der entstehen würde, wenn sie sich die Arbeit machen würden. Wenn Sie die Aufgabe gemacht haben, oder jetzt bereit sind zurückzugehen und sie nachzuholen, meinen Sie es mit dem Streben nach der höchsten Verheißung Gottes für Sie ernst.

Zweierlei fehlt noch, um die Gefühle der Ablehnung zu überwinden.

A. Finden Sie die Quelle der Ablehnung. Schauen Sie sich wieder die Ja-Antworten bei den Wurzeln der Ablehnung an. Zählen Sie unten in den leeren Zeilen die Personen auf, die mit einigen Ihrer Ja-Antworten zu tun hatten (jede Person braucht nur einmal aufgeführt zu werden).

Ich wurde verletzt oder abgelehnt

	von	mit (mein Alter)	was er oder sie sagte oder tat
1.	_____	_____	_____
			_____
2.	_____	_____	_____
			_____
3.	_____	_____	_____
			_____
4.	_____	_____	_____
			_____
5.	_____	_____	_____
			_____

B. Lassen Sie sich von der Verletzung reinigen. Dies kann geschehen, indem Sie im Gebet den aufgeführten Personen vergeben. Hilfreich wird es sein, wenn Sie dazu das folgende Vergebungsgebet einem guten Freund oder einer Freundin, einem Gebetspartner oder einem einfühlsamen Ehepartner vorlesen. Möglicherweise werden Sie von den lang verschlossenen Gefühlen überrascht, die aufbrechen, wenn Sie dies laut im Beisein einer anderen Person aussprechen. Die Barrieren des Stolzes werden schmelzen. Wenn wir diese Übung in einem Heilungsseminar durchführen, setzen wir die Leute paarweise zusammen mit der Aufgabe, die Liste durchzugehen. Oft werden sie von der Tiefe der empfundenen Schmerzen überwältigt, manche weinen, aber alle berichten hinterher, dass sie noch nie eine so reinigende Erfahrung gemacht haben.

Das Gebet können Sie gern Ihrer Situation oder Ihren Empfindungen anpassen.

Schritt 1
Ein Vergebungsgebet

Herr Jesus, ich danke dir, dass du an dem furchtbaren Kreuz all meine Schuld und Sünde auf dich genommen, mir vergeben und mich in deinen Augen völlig rein gewaschen hast, als ich dir mein Leben übergab.

Ich bekenne nun, Herr Jesus, dass ich _____ (Zorn, Groll, Bitterkeit o. ä.) gegen _____ gehegt habe für das, was er oder sie mir angetan hat. Ich bitte dich um Vergebung für diese Haltung. Und nun vergebe auch ich _____ für die Verletzung, die er oder sie mir zugefügt hat und entlasse ihn oder sie aus meinem Vorwurf.

Ich danke dir, Herr, dass ich in deinem Namen von dieser Verletzung gereinigt bin, an der ich so lange festgehalten habe. Ich danke dir für die befreiende Kraft der Vergebung. Amen.

Hatten Sie mehr als fünf Namen auf Ihrer Liste? Fahren Sie fort bis Sie jeder einzelnen Person für die Beleidigung, die Misshandlung oder einfach die Vernachlässigung vergeben haben.

Haben Sie das Vergebungsgebet mit aufrichtigem Herzen gesprochen? Oder haben Sie nur leere Worte ausgesprochen? Manche Verletzungen sind so tief, dass Vergebung derzeit unmöglich zu sein scheint. Wenn das der Fall ist, sagen Sie dies dem Herrn im Schritt zwei. Er versteht Ihre Gefühle und verurteilt Sie nicht. Bitten Sie ihn um die Fähigkeit, dieser Person zu vergeben. Bitten Sie ihn so lange, bis Sie in Ihrem Herzen wissen: »Jetzt kann ich vergeben.«

Schritt 2
Tägliches Gebet

Im zweiten Schritt beginnen Sie, das gähnende Loch in Ihrem Herzen zu füllen. Fred schreibt: »Der tiefe Abgrund in meiner Seele ist völlig ausgefüllt und überdeckt, und zwar so gut, dass er nicht mehr zu orten ist.«

Dies geschieht durch tägliche Gemeinschaft mit Gott. Nehmen Sie sich Zeit, ihn kennen zu lernen. Loben und preisen Sie ihn. Bekennen Sie Ihre Sünde vor ihm. Bitten Sie um seine Führung. Er hat Ruhe für eine müde Seele versprochen, wenn wir täglich zu ihm kommen. Wir empfehlen sehr das schriftliche Gebet, insbesondere, wenn es Ihnen nicht leicht fällt zu beten oder sich eine Zeit mit Gott festzulegen.

Im August 1987 begann Fred, seine Gebete schriftlich festzuhalten. Schriftlich heißt einfach, täglich einen Brief an Gott zu schreiben, ein Brief der Anbetung, des Bekennens, der Danksagung und der Bitte. Im Laufe der Zeit werden Sie lernen, seine Gegenwart wahrzunehmen, seine Stimme zu hören, seine Führung zu erkennen, seine bedingungslose Liebe anzunehmen. Stück für Stück wird diese Liebe den tiefen Abgrund auffüllen. (Mehr dazu finden Sie im Kapitel 11 über das Anzapfen von Gottes Kraft durch Gebet.)

Fred berichtet: »Es kommen auch heute noch zuweilen die gleichen Worte von Florence, die mich früher zu der Annahme geführt hätten, sie liebe mich gar nicht wirklich. Nur heute zeigt sich keine Reaktion mehr. Diese Tatsache beweist zwei Dinge: Erstens, dass die frühere Reaktion auf meine eigenen Verletzungen zurückzuführen war, nicht auf ihre Worte. Zweitens, dass ich mir der Liebe Gottes sicherer geworden bin. Ich brauche nun nicht mehr die ständige Zuwendung von Florence, um mein grenzenloses Bedürfnis nach Liebe zu stillen. Der Herr hat das Loch im Zuge der täglichen Gemeinschaft mit seiner Liebe gefüllt.«

Würden Sie einwilligen, wenn wir Ihnen versichern würden, dass Sie bei täglicher Begegnung mit ihm innerhalb von drei Monaten schon Veränderungen wahrnehmen, nach sechs Monaten wesentliche Fortschritte erkennen und nach einem Jahr vollständige Heilung erfahren könnten? Wenn Sie sich die Zeit nur zweimal die Woche nehmen, rechnen Sie mit 3 ½ Jahren, bei nur einmal die Woche mit sieben Jahren. Tatsächlich ist es jedoch schwer, eine intime Beziehung bei einer nur wöchentlichen Begegnung aufzubauen, planen Sie in diesem Fall also lieber 14 Jahre ein!

Sind Sie bereit, an die Arbeit zu gehen? Jesus sagt: »Kommt zu mir — und ich gebe euch Ruhe.«

8

Warum stehe ich so unter Stress?

Stress wurde in den achtziger Jahren ein Schlagwort und ist nun fester Bestandteil des Alltagsvokabulars geworden. Es gibt guten und schlechten Stress, und oft kennen wir den Unterschied nicht. Ein Gummiband beispielsweise liegt schlaff und nutzlos auf unserem Schreibtisch, erst wenn es gedehnt und um ein paar lose Gegenstände gelegt wird, erfüllt es seinen Zweck. Es kann aber nicht endlos gedehnt werden, dann zerreißt es.

Schauen wir uns nun unser Leben an. Völlig stressfrei leben hieße, den ganzen Tag im Bett zu liegen und uns bedienen zu lassen, denn sobald wir aufstehen, erlegen wir uns Stress auf. Wenn wir zu spät aufstehen, kommen wir unter etwas mehr Stress. Wenn uns das Benzin auf dem Weg zur Arbeit ausgeht, ist unsere Geduld ganz schön strapaziert. Bis zu einem gewissen Grad ist Stress motivierend und gut, aber wie beim Gummiband, können wir nie ganz sicher sein, wie viel Druck wir aushalten können, bevor wir zu Bruch gehen. Wenn der Faden einmal gerissen ist, kommt die Vorbeugung zu spät.

»Stress wird zum Problem, wenn er nicht mehr bewältigt werden kann«, schreibt der Psychiater Dr. Doyle Carson. »Wenn Probleme wachsen und nicht gelöst werden können, können sich beim Menschen bestimmte Symptome einstellen wie Ängstlichkeit, Reizbarkeit, Konzentrationsschwäche, Schlafstörungen und wesentliche Veränderungen in Routinehandlungen.«[3]

Wie bei allen Problemen sollte zuerst nach der Wurzel gesucht werden und die Bereitschaft vorhanden sein, danach zu handeln.

Die folgenden Fragen sollen Ihnen bei der Einschätzung des eigenen Stressniveaus helfen. Schauen Sie jetzt auf Ihre Symptome, bevor es zu spät ist. Beantworten Sie die Fragen mit Ja oder Nein. Die Auswertung erfolgt am Schluss. Dann werden die Fragen in Kategorien eingeteilt, damit Sie erkennen, welchen Lebensbereich sie zuerst angehen müssen.

Stresstest

Beantworten Sie jede Frage so, wie sie heute zutrifft. *Fragen, die gar nicht zutreffen, lassen Sie aus.*

	Ja	**Nein**
1. Wachen Sie nachts mit Sorgen auf?	___	___
2. Gibt es jemanden am Arbeitsplatz, der Ihnen das Gefühl gibt, wertlos zu sein?	___	___
3. Werden Sie nervös, wenn Sie mehrere Kinder an verschiedene Orte chauffieren müssen?	___	___
4. Leiden Sie oft unter Kopfschmerzen?	___	___
5. Bangen Sie um Ihren Arbeitsplatz?	___	___
6. Schimpfen Sie mit Ihrem Partner, wenn er oder sie etwas vergisst?	___	___
7. Fühlen Sie sich in der Ehe sexuell unbefriedigt?	___	___
8. Stochern Sie im Essen herum oder essen Sie tagsüber viel Imbissbudenkost?	___	___
9. Ist jemand, dem Sie sehr nahe standen innerhalb des letzten Jahres gestorben?	___	___
10. Leiden Sie am prämenstruellen Syndrom?	___	___
11. Haben Sie häufig Alpträume?	___	___
12. Sind Sie öfter krankgeschrieben als Ihre Kollegen?	___	___
13. Haben Sie in der Schule und in der Ausbildung meistens kurz vor einer Prüfung »gepaukt«?	___	___

14. Zögern Sie, eine Gehaltserhöhung zu erbitten, obwohl Sie sicher eine verdienen? ___ ___
15. Trauern Sie noch immer um jemanden, der vor Jahren gestorben ist? ___ ___
16. Würden Ihre Kinder sagen, Sie gehen oft in die Luft? ___ ___
17. Neigen Sie dazu, mehr Aufgaben anzunehmen, als Sie sollten? ___ ___
18. Fällt es Ihnen schwer, Menschen zu vergeben, die Ihnen gegenüber unsensibel waren? ___ ___
19. Sagt man Ihnen nach, dass Sie immer zu spät kommen? ___ ___
20. Haben Sie eine/n Freund/in, der/die Ihnen Vorwürfe macht, wenn Sie nicht tun, was er/sie möchte? ___ ___
21. Empfinden Sie, dass Ihr Partner Sie ständig kritisiert? ___ ___
22. Bekommen Sie zuweilen das Gefühl: »Ist doch egal, es mag mich ja sowieso keiner.« ___ ___
23. Sind Sie abends oft erschöpft, obwohl Sie nicht alles geschafft haben, was Sie sich vorgenommen hatten? ___ ___
24. Brausen Sie auf, wenn Sie im Straßenverkehr behindert werden? ___ ___
25. Beklagen Sie sich (oder empfinden Sie), dass Ihr Partner seinen Teil der Hausarbeit nicht tut? ___ ___
26. Bekommen Sie Platzangst, wenn Sie in einen engen oder unbekannten Raum treten? ___ ___
27. Würden andere Sie als schwermütig beschreiben? ___ ___
28. Haben Sie in den letzten zwei Monaten einen Zornausbruch gehabt? ___ ___
29. Nehmen Sie derzeit aufputschende Medikamente oder Schlafmittel? ___ ___

30. Ist Ihnen mal gesagt worden, Sie seien ein Arbeitstier? ___ ___
31. Haben Sie mit Zwängen oder Sucht zu kämpfen? ___ ___
32. Streiten Sie sich mit Ihrem Partner über Geld oder Einkäufe? ___ ___
33. Haben Sie Schuppen? ___ ___
34. Knirschen Sie mit den Zähnen? ___ ___
35. Knabbern Sie an Ihren Fingernägeln? ___ ___
36. Steigen Sie meist zuletzt ins Auto, wenn die Familie fortfährt? ___ ___
37. Benutzen Sie häufig den Ausdruck: »Ich hasse...«? ___ ___
38. Bereiten Sie Mahlzeiten oft mit einem gewissen Gefühl von Dringlichkeit zu? ___ ___
39. Essen Sie sehr viel Schokolade? ___ ___
40. Neigen Sie dazu, Intimität mit Ihrem Partner zu vermeiden und sich dann schuldig zu fühlen? ___ ___
41. Sind Sie oft müde und haben weniger Antriebskraft als andere? ___ ___
42. Wird Ihr Leben von irgendeiner Art von Angst bestimmt? ___ ___
43. Haben Sie irgendwelche Essstörungen? ___ ___
44. Sind Sie in der Seelsorge oder einer Therapie gewesen oder dachten, das sollten Sie mal tun? ___ ___
45. Haben Sie schon mal von Schlangen oder Spinnen geträumt? ___ ___
46. Ist Ihr Konto oft im Minus? ___ ___
47. Gehen Sie gern bummeln, wenn es Ihnen schlecht geht? ___ ___
48. Sind Sie gewinnender Sanguiniker mit einem melancholisch-cholerischen Ehepartner? ___ ___
49. Vermuten Sie, dass Ihr Partner eine Affäre hat? ___ ___

50. Fühlen Sie sich geschlagen, wenn Sie am Ende
des Monats zwar noch offene Rechnungen aber
kein Geld mehr haben? ___ ___

Anzahl der Ja-Antworten: _____

Errechnung Ihres Stressniveaus:
Anzahl der Ja-Antworten _____ mal 2 = _____ %
Im Folgenden wird die Prozentzahl ausgewertet:

0-20 Prozent: geringes Stressniveau

Glückwunsch! Dieses Ergebnis deutet darauf hin, dass Ihr Leben
vermutlich ausgeglichen ist. Sie sind nicht zu sehr strapaziert.
Wenn Sie die Fragen ehrlich beantwortet haben, brauchen Sie sich
keine Sorgen zu machen. Bei einer Durchsicht Ihrer Ja-Antworten
entdecken Sie womöglich Bereiche, in denen Sie einfach und
schnell Verbesserungen einführen können. Lesen Sie bei der
»Stressfaktoren-Analyse« weiter. Sie werden dort auf die betroffenen Gebiete hingewiesen, die Ihnen dieses doch geringe Maß an
Stress verursachen.

20-40 Prozent: mittleres Stressniveau

Sie sind besser dran als viele, aber Sie haben vermutlich doch mehr
Stress als Sie sich wünschen würden. Wenngleich die meisten
Stressfaktoren nicht beunruhigend sein müssen, kann es sich loh-
nen, nach der Quelle zu suchen, um Veränderung und Heilung zu
bewirken. Die »Stressfaktoren-Analyse« wird dabei wegweisend
sein.

40-60 Prozent: hohes Stressniveau

Ein Ergebnis in diesem Bereich weist darauf hin, dass wesentliche
Faktoren in Ihrem Leben ausgeräumt werden müssen. Zwar ist
praktisch jeder von Zeit zu Zeit unter Stress, doch bei Ihrem

Stressniveau sind sie zu sehr strapaziert. Machen Sie sich keine Sorgen, aber lesen Sie den Abschnitt »Stressfaktoren-Analyse«. Dort werden Sie erkennen, wo Sie gleich Verbesserungen bewirken können.

60-80 Prozent: ungesundes Stressniveau

Seien Sie bei diesem Ergebnis dankbar, dass Sie sich die Zeit für diesen Test genommen haben. Sie wissen bereits, dass Sie überstrapaziert sind. Was Sie vielleicht nicht wissen, ist, dass Ihre Situation nicht hoffnungslos ist, wenn – und das ist ein wichtiges Wenn – sie bereit sind, zuzugeben, dass Sie ein Problem haben, und die Schritte zu gehen, die eine Veränderung herbeiführen können. Der Abschnitt »Stressfaktoren-Analyse« wird für Sie wichtig sein.

80-100 Prozent: traumatisches Stressniveau

Wie das Gummiband sind sie überstrapaziert und überarbeitet. Sie brauchen Entlastung. Der Abschnitt »Stressfaktoren-Analyse« wird für Sie wichtig sein.

Eventuell brauchen Sie die Hilfe einer objektiven, umsichtigen Person. Vielleicht wenden Sie sich an Ihren Pastor, einen guten Freund oder eine Freundin oder an einen Seelsorger oder Therapeuten. Die Ursachen für einige Ihrer jetzigen Probleme liegen vermutlich in unbewältigtem Schmerz aus der Kindheit. Dies ist besonders wahrscheinlich, wenn Sie keine oder nur wage Erinnerungen an Ihre Kindheit haben. Die Tests in den nächsten Kapiteln sollten Sie mit großer Sorgfalt durchgehen.

Sollten Sie deprimiert sein und glauben, dass für Sie alles verloren ist, erinnern Sie sich an die Worte Jesu: »Er hat mich gesandt, Gefangenen Befreiung auszurufen – Zerschlagene in Freiheit hinzusenden« (Lk. 4, 18; siehe auch Jes. 61, 1). Es gibt Hoffnung; es gibt Hilfe. Er kann Sie heilen – wenn Sie zu ihm kommen! Keine oberflächliche Schönheitsreparatur, sondern langfristige Heilung.

Stressfaktoren-Analyse

Für die Suche nach den Ursachen einiger Ihrer Stressfaktoren, kehren Sie zum Stresstest wieder zurück. Kreisen Sie im Folgenden dann jede Zahl ein, die einer mit Ja beantworteten Frage entspricht. (Sie haben beispielsweise die 5 bejaht. Kreisen Sie die 5 in jeder Zeile an, in der sie vorkommt. Achtung: Manche Zahlen kommen mehr als einmal vor.)

A. Schlechte Planung: 13, 17, 19, 23, 25, 30, 36, 38
B. Physische Probleme: 8, 12, 23, 41
C. Finanzielle Schwierigkeiten: 5, 32, 46, 47, 50
D. Eheprobleme: 6, 16, 21, 25, 40, 48, 49
E. Geringes Selbstwertgefühl: 2, 14, 17, 22, 27, 30, 44
F. Stress am Arbeitsplatz: 2, 5, 12, 14
G. Allgemeine Spannung: 1, 3, 4, 5, 9, 10, 29, 33, 34, 35, 37
H. Depression: 27, 29, 47
I. Ablehnung: 7, 16, 20, 22, 39
J. Kindesmisshandlung: 4, 10, 11, 15, 16, 18, 20, 24, 26, 28, 31, 34, 40, 42, 43, 45

Sie haben Ihre Stressfaktoren nun in zehn Kategorien aufgeteilt. (Diese Kategorien haben oft Wechselwirkungen, die Faktoren erscheinen deshalb oft in mehreren Kategorien.) Besonders beachtenswert ist es, wenn Sie *viele* oder die *meisten* Zahlen in einer Kategorie eingekreist haben.

Die ersten drei (A, B und C) lassen sich möglicherweise schon durch das Verständnis der Ursache und die Entscheidung, selbst oder mit Hilfe einer anderen Person etwas daran zu tun, ändern.

A. Schlechte Planung

Sie setzen sich eventuell schon dadurch unter Stress, dass Sie sich nicht die Zeit nehmen, vorher zu planen und zu überlegen, was Sie schaffen können und was nicht. Dies ist besonders typisch für gewinnende Sanguiniker, die impulsiv und spontan handeln. Sie

165

bauen unnötigen Druck auf, indem Sie sich mehr aufladen, als Sie tragen können. Manche Menschen übernehmen auch mehr Aufgaben und Verantwortung, um sich vor sich selbst und anderen zu beweisen.

B. Physische Probleme

Probleme in diesem Bereich könnten durchaus leicht behoben werden, indem Essgewohnheiten, Ernährungsgrundsätze, Vitaminzunahme oder der Hormonhaushalt überprüft und gegebenenfalls beeinflusst werden. Eine mögliche Unterzuckerung oder chronische Müdigkeit können ebenso Stress verursachen.

C. Finanzielle Schwierigkeiten

Finanzielle Probleme gehören zu den häufigsten Stressfaktoren. Fragen Sie sich, ob die Schwierigkeiten daher kommen, dass Sie impulsiv kaufen, ohne sich Gedanken zu machen, ob Sie die Rechnung auch bezahlen können. Sie können es sich jedenfalls nicht leisten, auf die gute Fee zu warten, die Ihnen einen Sack voll Geld in die Hand drückt. Und Kredite mit hohen Zinsraten sind auch keine Langzeitlösung. Setzen Sie sich gleich mit Ihren Kontoauszügen, einer Fixkostenaufstellung und Ihren Rechnungen hin und überprüfen Sie die Lage. Sollte Ihnen die Aufgabe zu schwer sein, nehmen Sie sich einen melancholischen Partner oder einen Freund/eine Freundin zu Hilfe. Sanguiniker hassen zwar den Gedanken an ein eingeschränktes Budget, doch brauchen sie Beschränkungen und Verantwortung. Ein Sanguiniker, der furchtbare Geldnöte hatte, gab dem Buchhalter seiner Firma die Vollmacht, sein Gehalt anzulegen und seine Rechnungen zu zahlen. Zwei Jahre lang bekam er das Geld nicht zu Gesicht und lebte von einem Wechsel von 15 DM pro Woche. Zu der Zeit war ihm das unangenehm, nun ist er jedoch schuldenfrei. Es ist erstaunlich, was wir zuwege bringen können, wenn es uns nur wichtig genug ist. Zu diesem Thema gibt es auch hilfreiche Literatur. Empfehlenswert ist z. B. das Buch *Familienratgeber: Geld* von Manfried G. Kuliga (Brendow Verlag, Moers).

D. Eheprobleme

Mit dieser Kategorie beginnt die zweite, tiefere Ebene der Stress-faktoren. Eheprobleme sind meist Folge von lang eingespielten ungesunden Beziehungsmustern. Wie bei einem großer Ozean-dampfer brauchen Veränderungen in diesem Bereich eine starke Hand am Ruder und viel Zeit für die Kehrtwendung. Einige Ur-sachen wie Temperamentsunterschiede, ein dominanter Partner, emotionale Unreife und unrealistische Erwartungen können relativ rasch behoben werden. Tiefergehende Probleme, die auf Ablehnung, sexuelle Frustration, Kindesmisshandlung, Verleug-nung von Tatsachen, Unwillen, der Realität zu begegnen, Selbst-gerechtigkeit und rebellische Haltungen zurückgehen, brauchen etwas länger. Im Teil II und im Teil III gehen wir auf diese Prob-leme ein.

E. Geringes Selbstwertgefühl

Viele Menschen handeln aus Unsicherheit und mangelndem Selbstbewusstsein. Wenn sie dabei versagen, kommen sie oft unter finanziellen Druck und laden sich damit Eheprobleme und emo-tionalen Druck auf. Eine Hausfrau beispielsweise fühlt sich aus der Gesellschaft ausgeschlossen. Sie veranstaltet eine große Feier ohne die Zustimmung ihres Mannes und lädt alle ein, die sie als gesellschaftliche Schlüsselpersonen sieht. Nach dem Fest kommen keine erwidernden Einladungen, sondern nur Rechnungen ins Haus geflattert. Dazu kommen Spannungen zwischen Mann und Frau und ein nun noch tieferes Gefühl der Wertlosigkeit seitens der Frau.

Da ein geringes Selbstwertgefühl nicht gottgewollt ist, muss es etwas sein, das wir lernen, oder das uns auferlegt wird. Viel vom Stress, den wir uns aufladen, kommt von unseren Bemühungen, dieses Selbstwertgefühl aufzuwerten. Hier müssen wir an die Wurzel heran, und die nächsten Kapitel werden Ihnen dabei behilflich sein. Wenn die Wurzel ausgerissen wird, ist der Selbstwert wiederhergestellt, und der Stress gehört der Vergangenheit an.

F. Stress am Arbeitsplatz

Manche Menschen bringen den Stress vom Arbeitsplatz mit nach Hause und belasten damit die Atmosphäre zu Hause, während andere gelernt haben, ihn »im Büro zu lassen«. Es ist doch interessant, dass zwei Menschen genau dem gleichen Stress unterliegen und ihn auf völlig gegensätzliche Weise bewältigen. Dies ist auf das Potential in ihnen und auf ihre Lebensumstände zurückzuführen. Im Großen und Ganzen kommen emotional gesunde Menschen mit einem größeren Maß an Stress zurecht, als Menschen, die tiefe ungelöste Probleme mit sich herumtragen. Wo stehen Sie? Wenn Ihr Stress hauptsächlich vom Arbeitsplatz stammt, unternehmen Sie Schritte dagegen. Es könnte durchaus so einfach sein. Wenn Sie ein hohes Stressniveau in mehreren Kategorien haben, ist es eher auf andere Ursachen zurückzuführen. Indem Sie Heilung bei den Ursachen erleben, werden sich viele Probleme am Arbeitsplatz in Wohlgefallen auflösen.

G. Allgemeine Spannung

Die elf Fragen, die zu dieser Kategorie gehören identifizieren Stress und Spannungen, die von innen kommen. Mag sein, dass Sie von der Anzahl Ihrer Ja-Antworten in dieser Kategorie überrascht sind, doch weist jede auf ein Symptom von innerem Stress hin. Sie sind alle allgemeiner Natur, und die Lösung der Ursache könnte erstaunliche Ergebnisse bringen. Die Frage 33 »Haben Sie Schuppen?« hat Sie möglicherweise befremdet. Als Fred neulich einem australischen Ehepaar von den Veränderungen in seinem Leben seit seiner Heilung von den Folgen des sexuellen Missbrauchs erzählte, erwähnte er nebenbei: »Ach, und früher litt ich

stark unter Schuppen; die sind jetzt alle weg!« Die Frau, eine Kran-
kenschwester, erwiderte: »Schuppen werden durch Stress verursacht, das ist bekannt.«

Wir hatten davon noch nie gehört, es erscheint uns jedoch
plausibel. Seit der Zeit haben dies auch viele Menschen bestätigt.

Suchen Sie nach der Ursache der Spannung und bearbeiten Sie
diese, Sie werden sich über den Erfolg freuen.

H. Depression

Depressionen sind das am wenigsten geklärte emotionale Erschei-
nungsbild unserer Zeit. Wenngleich sich nur drei der Fragen in
unserem Test auf Depression beziehen, berühren viele der anderen
ebenso diesen Punkt. Depressionen machen ein normales Leben
für den Betroffenen häufig unmöglich, und bewirken ein hohes
Stressniveau zu Hause oder am Arbeitsplatz. Der wachsende Berg
an unerledigten Aufgaben fügt das Seine hinzu, bis die Lage hoffnungslos erscheint.

Mit Medikamenten werden nur die Symptome behandelt,
nicht die Ursachen. Es gibt drei miteinander verwobene Ursachen,
die einen Kreislauf ergeben. Die erste und häufigste ist sexueller
Kindesmissbrauch. Die zweite ist Ablehnung, oft schon in der
Kindheit. Praktisch jedes Missbrauchs- oder Misshandlungsopfer
hat mit Ablehnung zu kämpfen. Die dritte Ursache ist unablässiger
Stress, der nicht bewältigt werden kann und deshalb zu Depressionen führt. Dies kommt häufig bei Männern und Frauen vor, die
sexuell missbraucht worden sind und sich daher abgelehnt, vernachlässigt und wertlos fühlen. Jedes dieser Gefühle nährt das
andere, und die Depression wird allgegenwärtig. Wiederum sollte
das Augenmerk auf die Suche nach den Ursachen gerichtet werden. In den weiteren Kapiteln werden wir auf diese Themen eingehen, die weiter verbreitet sind, als allgemein angenommen.

I. Ablehnung

Niemand hatte perfekte Eltern. Je ausgeglichener die Eltern, desto größer die Chance, dass ein Kind sich zu einem gesunden, produktiven Erwachsenen entwickelt. Wenn wir als Kinder kämpfen, uns schützen oder verstecken mussten, um zu überleben, ist die Wahrscheinlichkeit groß, dass wir die Förderung, die wir als Kinder brauchten, nicht bekommen haben. Die Gefühle der Ablehnung liegen tief und sollten nicht missachtet werden. Andere haben zwar eine recht gesunde Entwicklung durchgemacht, sind dann aber eine Ehe mit einer innerlich verletzten Person eingegangen. Diese hat in ihrer Suche nach Selbstwert unbewusst überhöhte Erwartungen an den Ehepartner gestellt, welcher damit auf das Niveau der verletzten Person heruntergezogen wird. Nach einigen Jahren Ehe schleicht sich ein Gefühl der Ablehnung und Wertlosigkeit ein, und das Selbstbewusstsein sinkt.

Ob nun die Gefühle der Ablehnung sich während der Kindheit oder im Erwachsenenalter einstellen, sie können mit der Zeit geheilt werden, wenn wir lernen, unsere überhöhten Erwartungen an andere, dieses Loch zu füllen, abzulegen.

Indem Sie das vorige Kapitel noch einmal lesen, werden Sie auf Ursachen und Folgen der Ablehnung in Ihrem Leben stoßen. Die Beschäftigung mit den eigentlichen Problemen wird die Suche nach einer echten Lösung sehr beschleunigen.

J. Kindesmisshandlung

Die letzte und tiefste der zehn Kategorien ist der Kindesmissbrauch, sei er emotional, physisch oder sexuell. Sechzehn Fragen zu den Stressfaktoren beziehen sich auf dieses Thema. Zwar sind alle drei Formen des Missbrauchs sehr verbreitet, doch offenbaren sich die Folgen sexuellen Missbrauchs am deutlichsten. Darin liegt die Ursache für viele Qualen, Stress und Unvermögen.

Nach einer neueren Studie haben heute in den USA 75 Prozent der Frauen und 60 Prozent der Männer aus dem Umfeld christlicher Gemeinden in den USA entweder ein klares Wissen über oder klare Symptome von sexueller Belästigung in der Kindheit. Von diesen Männern und Frauen haben 50 Prozent keine Erinnerung an ein solches Trauma. Nur 25 Prozent der Frauen und zehn Prozent der Männer wissen, was mit ihnen als Kind geschehen ist.[5]

Von den Männern und Frauen, die in den letzten Jahren zu uns gekommen sind, haben ganze 98 Prozent Anzeichen von sexuellem Missbrauch gezeigt. Ihr Stressniveau ist oft überwältigend. Nicht selten haben sie schon alles probiert, um Erleichterung zu finden. Sexuelle Belästigung von Kindern ist allgegenwärtig. Sie ist so weit verbreitet, dass sie die größte Ursache für Stress bei Erwachsenen darstellt. Im Kapitel 10 werden Hilfestellungen geboten, um herauszufinden, ob dies in Ihrer Suche nach Heilung auch für Sie ein Thema ist. Möglicherweise offenbart sich Unerwartetes beim Durcharbeiten des Kapitels.

Durch die tägliche Disziplin in der Umsetzung bestimmter Wahrheiten der Bibel erfahren Tausende wie Sie nicht nur Erleichterung, sondern Heilung von den Sünden, die als Kinder an ihnen begangen wurden. Der Umgang mit den emotionalen Schäden aus dieser Form der Gewalt ist Schwerpunkt des genannten Kapitels.

9

Wie bin ich mit Trauer umgegangen?

Frank und Ruth hatten schon einige turbulente Ehejahre hinter sich, als Tim, Franks Sohn aus erster Ehe von einem betrunkenen Autofahrer überfahren wurde. Frank erlebte Phasen von Trauer, Schock, Verleugnung (»Das kann nicht wahr sein«) und Zorn (»Den Mann bringe ich um«), ohne zur Annahme und Versöhnung mit der Situation zu gelangen. Ein Jahr später war Frank noch genauso aufgebracht wie zu Anfang. Sein Zorn verschlang seine Energie so sehr, dass er kaum in der Lage war, zur Arbeit zu gehen. Er war ständig erschöpft und schlief oft 16 Stunden am Stück. Wenn er die Augen öffnete, starrte ihn der Tod an, und er floh wieder in den Schlaf.

Ruth kam in ihrer Verzweiflung zu uns. »Wenn er nicht bald aufhört zu jammern und zu schlafen, drehe ich durch oder lasse mich scheiden.« Sie hatte ihm schon ein Ultimatum gestellt, was ihn noch weiter in den Abgrund trieb. Seit Tagen schon hatte er nicht mit ihr gesprochen.

Als er sich bereit erklärte, mit uns zu sprechen, begann er seufzend: »Es hat sowieso keinen Zweck, denn Sie können mir meinen Sohn nicht wiedergeben, und das ist das Einzige, was mich aufrichten kann.« Wir erklärten, dass wir zwei Söhne verloren hatten und ihn gut verstehen könnten. Er müsse nur die gleichen Schritte gehen, die wir auch gegangen waren: sich der Realität stellen, dass sein Sohn unwiederbringlich fort war, dass es nicht seine Schuld war, und dass er eine bewusste Entscheidung treffen musste, mit seinem Leben voran zu gehen.

»Aber es ist doch meine Schuld! Es *ist* meine Schuld!« rief Frank und brach in Tränen aus. Im Laufe des Gesprächs entpuppte sich ein vom Scheitern seiner ersten Ehe schuldbeladener Mann. Frank hatte eine Affäre mit Ruth, als er noch mit Johanna, einer treuen Ehefrau und Mutter ihrer drei Kinder, verheiratet war. Er hatte von Anfang an mit anderen kokettiert, doch Johanna hatte ihm seine Ausschweifungen immer wieder vergeben. Ebenso sein erstes Abenteuer mit Ruth.

Frank erinnerte sich an den Tag, an dem er für immer ausgezogen war, im Glauben, seine sexuelle Anziehung zu Ruth sei wichtiger als seine Verantwortung als Familienvater. »Als ich mich verabschiedete, stand Tim in der Tür und flehte mich an, nicht wegzugehen. Ich sagte ihm, er hätte eine wunderbare Mutter, und sie würden schon zurechtkommen. Die nächsten sechs Monate habe ich meine Kinder nicht gesehen. Ich sagte mir, ich sei frei und sorglos, doch nun weiß ich, dass ich mich so schuldig fühlte, dass ich den Kindern nicht in die Augen sehen konnte. Als ich mich auf Ruths Geheiß dann scheiden ließ und sie heiratete, musste ich Vaterstelle für ihre Kinder übernehmen. Es gab Tage, an denen ich sie anschaute und mir sagte: ›Warum sorgst du dich nicht um deine eigenen Kinder?‹«

Frank verbarg sein Gesicht in seinen Händen und weinte: »Nun ist Tim tot, und ich bin schuld.«

Während wir mit Frank sprachen, gingen wir zurück in seine Kindheit, wo sein Vater ihm vorgelebt hatte, dass männlich sein mit Untreue gleichzusetzen war. Frank musste bekennen, dass sein Vater ihm ein schlechtes Beispiel gegeben hatte. Er empfand, dass er seine Mutter um Vergebung bitten sollte, dass er sie nicht unterstützt hatte, als der Vater fremdging.

Frank hatte nicht über den Schmerz der Trennung von seinem Sohn getrauert. Er hatte argumentiert, es sei nicht seine Schuld und hatte nach dem Prinzip: »Aus den Augen, aus dem Sinn« gelebt. Er war im Zorn verharrt, nicht nur auf den Autofahrer, sondern auf seinen Vater und auf sich selbst.

Frank musste darum trauern, dass er eine Ehe beendet hatte, die hätte weitergeführt werden sollen. Dann musste er im Gebet für seine Untreue zu Johanna um Vergebung bitten. Er musste bitten, Gott möge die ständige Erinnerung an den flehenden Jungen in der Tür löschen. Im schriftlichen Gebet brachte er seine ganze Trauer zu Papier und nahm so Kontakt mit dem lang verschlossenen Schmerz auf, sodass er dann zu emotionaler Reife gelangen konnte.

Wenn Familie und Freunde die Trauer nicht ernst nehmen und die Betroffenen schnell durch den Schmerz hindurch bugsieren, bevor diese innerlich bereit sind, wird die Trauer nicht zur rechten Zeit verarbeitet. Dadurch kann es passieren, dass der oder die Trauernde den Rest des Lebens mit einem Schatten über dem Alltagsgeschehen verbringt.

Der Tod eines Partners oder Kindes ist immer Ursache Nummer eins auf jedem Test zu emotionalem Stress, dicht gefolgt von Scheidung. Beides stellt das Ende eines Lebensabschnitts und einen Grund zur Trauer dar. Wir haben noch nie jemanden getroffen, der sagte: »Meine Scheidung war so wunderbar, ich muss dir davon erzählen.« Wenn die Folgen einer Scheidung nicht verarbeitet werden wie das Ende eines Traumes, unterdrücken die verletzten Parteien häufig ihre wahren Gefühle und Verletzungen und schreiten voran — nur um später von einer Begebenheit schockiert zu werden, die eine Überreaktion oder schwere Depression hervorruft.

Zwar gibt es für die Trauerbewältigung keinen Zeitplan, doch stellen Sie sich einmal folgende Fragen:

1. An welche Todesfälle aus der Kindheit können Sie sich erinnern?

   _____

   _____

2. Gibt Ihnen der Gedanke an einen davon heute noch einen Stich ins Herz? Welcher?

   _____

3. Was wurde Ihnen als Kind über den Tod erzählt?

_____

_____

4. Was denken Sie jetzt über den Tod?

_____

5. Was sagt die Bibel über den Tod?

_____

_____

_____

_____

6. Welche traumatischen Erlebnisse hatten Sie als Erwachsener?

_____

_____

_____

7. Empfinden Sie, dass Sie all diese Ereignisse vollständig verarbeitet haben? Wenn nicht, welche stellen noch ein Problem dar?

_____

_____

_____

8. Wofür fühlen Sie sich noch schuldig?

_____

_____

9. Welche schlechten Ratschläge haben Sie zum Thema Trauer erhalten?

_____

_____

_____

10. Was müssen Sie noch durcharbeiten, um frei zu werden?

_____

_____

_____

Ob Ihre Trauer nun durch Tod, Scheidung oder emotionalen Schmerz verursacht ist, es ist an der Zeit, sich dem zu stellen, darüber zu beten und es hinter sich zu lassen.

Klara hatte ein Kind im Mutterleib verloren. Der Arzt entfernte es schnell, und Klara bekam es nie zu Gesicht. Das Mitgefühl der Familie und der Ärzte beschränkte sich auf das, was sie beim Ziehen eines Zahnes hätte erwarten können. Es kamen Kommentare wie: »Du hast das Kind ja nicht gesehen und hast daher keine Beziehung zu ihm aufgebaut.« Oder: »Du bist noch jung, du kannst ja noch eins kriegen.« Oder: »Du hast ja schon ein Kind, da wirst du dieses nicht vermissen.« Oder: »Gott brauchte das Kind offenbar mehr als du.«

Mit diesen Worten vertrieb Klara ihre Tränen und dachte: »Es stimmt, es ist wirklich nicht so schlimm. Ich komme da schon drüber hinweg.« Sie renovierte einen Teil ihrer Wohnung und redete sich ein, sie wäre glücklich.

Klara bekam kein weiteres Kind und versuchte, nicht an das verlorene zu denken. Mit Mitte vierzig erfuhr sie, dass ihr Mann Krebs im Endstadium hatte. Sie fiel in eine noch tiefere Depression als ihr Mann. Während der kurzen Zeit seines Krankheitsverlaufs lebte Klara in einem Schockzustand. Ihre täglichen Aufgaben verrichtete sie wie ein Roboter; sie wollte den Schmerz nicht spüren. Als ihr Mann starb, weinte Klara nicht. Bei der Beerdigung bewunderten die Leute, wie tapfer sie war. Eine Frau behauptete sogar, Trauer stehe ihr, sie sehe gut aus in Schwarz.

Von dem Tag an lief das Leben mechanisch — bis Klara drei Monate später zusammenbrach. Sie fand nicht mehr zu sich selbst. Zunächst ging sie zu ihrem Pastor, der ihr sagte, sie solle endlich ihre Trauer überwinden und nach vorn schauen: »Zieh einen Strich unter deine Vergangenheit, steig drüber und schau nicht mehr zurück. Kauf dir ein paar neue Kleider und such dir einen neuen Mann. Dann hast du etwas, auf das du zuleben kannst. Lass uns beten.«

Klara hatte gar keine Lust auf einen neuen Mann, auch wenn sich ihr einer geboten hätte. Sie war schockiert über die leichtfertige Haltung des Pastors angesichts ihrer Trauer und ging dann zu »einem guten, christlichen Psychologen«. Der sagte, sie leide unter so genannter »verspäteter Trauer«. Er habe diese Bezeichnung für Menschen wie sie erfunden, die dachten, sie wären zu geistlich, um zu weinen, deren spätere Reaktion dann aber zeigte, dass sie gar nicht geistlich wären. Er schmunzelte über seine Analyse und sagte: »Die meisten Christen sind verlogen, wenn es um Tod geht. Sie müssen jetzt erst mal Ihren Glauben vergessen, sich richtig ausheulen und dann mein Buch lesen. Hätten Sie das gleich getan, wären Sie jetzt schon drüber hinweg.«

Klara kaufte das Buch, bezahlte die Sitzung und ging völlig niedergeschlagen nach Hause. Als die Lage sich nicht besserte und sie sich nur schwer aus dem Bett quälen konnte, ging sie zum Arzt, der sie anschaute und gleich ihre Tablettendosis erhöhte: »Wir geben Ihnen mal die doppelte Dosis, mal schauen, ob das hilft.« Es half nicht; stattdessen war sie so kraftlos, dass sie gar nicht mehr aus dem Bett herauskam.

Auf Drängen einer besorgten Freundin ging Klara zu einem bekannten Psychiater, der sofort sah, dass sie kurz vor einem Nervenzusammenbruch stand. Sie willigte in eine stationäre Behandlung ein, und dort, mit der sanften Hilfe eines Therapeuten, kamen die Erinnerungen an den Verlust ihres Kindes wieder. Sie merkte, dass sie ihre Gefühle damals unterdrückt hatte und nun doppelte Trauer erlitt. Keiner der drei Helfer hatte sie überhaupt nach ihren Erfahrungen oder Gefühlen in der Vergangenheit gefragt. Stattdessen war das Fazit: »Ziehe einen Strich, lies ein Buch, nimm eine

Tablette. Wenn das nichts bringt, dann stimmt was mit dir nicht.«

Als sich Klara der Ursache ihrer »verspäteten Trauer« bewusst wurde, bewältigte sie die Vergangenheit in der Gegenwart. Sie gab ihrem Kind einen Namen und hielt eine Trauerfeier ganz für sich allein. Sie legte es zum ersten Mal zur Ruhe und beschäftigte sich dann mit dem Tod ihres Mannes. Sie sieht jetzt, dass sie mit der gegenwärtigen Trauer nie zurechtgekommen wäre, wenn sie die Vergangenheit nicht aufgearbeitet hätte.

10

Wie können Bilder aus der Kindheit nützen?

Vor einigen Jahren brachte die Zeitschrift »Time« einen Artikel mit der Überschrift: *Through the Eyes of Children* (»Mit Kinderaugen betrachtet«). Das Titelbild zeigte ein hübsches Mädchen mit traurigem Blick. Im Artikel ging es um die Schwierigkeiten des Aufwachsens in den USA. Es waren eine Reihe von Kinderportraits mit Lebensbeschreibung. Man konnte zunächst das Bild betrachten und sich eine Meinung bilden, um dann beim Lesen der Biographie bestätigt oder widerlegt zu werden.

Wenige Monate später erschien in der Zeitschrift »Life« ein Artikel über Lisa Marie Presley und ihre Mutter, Priscilla Presley. Der Kontrast in ihrem Ausdruck war so frappierend, dass er auch einer unaufmerksamen Person aufgefallen wäre. Priscillas Ausdruck war klar und kontrollierend, während die Augen von Elvis' Tochter halb geschlossen, verletzt und geistesabwesend zu sein schienen.

Auf dem Titelbild der »Newsweek« im Februar 1992 starrten einen die Augen eines Serienmörders an und flößten einem fast Angst ein.

Ebenso wie wir in den Augen anderer Schmerz sehen, können wir ihn in Fotos aus unserer eigenen Kindheit erkennen. Ob wir allein an uns selbst arbeiten oder uns auf einen Besuch beim Seelsorger oder Therapeuten vorbereiten, ein Blick auf unsere Kindheitsbilder kann viel offenbaren. Gewöhnlich haben unsere Eltern Bilder von uns gemacht, dabei nimmt die Anzahl der Fotos vom ersten zum letzten Kind immer mehr ab. Fotos der Schulklasse sind oft sehr geeignet. Legen Sie sie in einer Reihe nebeneinander. In einem Jahr könnte eine besondere Veränderung auffallend sein: eine traurige Ausstrahlung, kein Lächeln, ein niedergeschlagener Blick. Oft weist diese Veränderung auf ein traumatisches Erlebnis im betreffenden Jahr hin.

Hilfreich kann es sein, das Gesicht so zu verdecken, dass nur noch die Augen sichtbar sind. Suchen Sie dann nach Anzeichen von Schmerz, Wut, Gleichgültigkeit oder Angst. Üben Sie, indem Sie die Hinweise zur Bildanalyse weiter unten lesen und dann Bilder in Zeitungen und Zeitschriften betrachten.

Je mehr wir uns mit den Bildern und dem Augenausdruck befassen, desto besser können wir dieses Wissen in der Suche nach unseren verdrängten Kindheitserlebnissen einsetzen.

Fragen Sie in der Familie, auch in der weiteren Verwandtschaft, nach alten Fotos. Erwähnen Sie dabei nicht, dass Sie auf der Suche nach vergangenen Verletzungen sind, denn womöglich bekommen Sie dann kein einziges Bild. Familien sind meist nicht begeistert, wenn sie merken, dass sie hinterfragt werden. Wenn sie jedoch merken, dass Sie an der Familiengeschichte Interesse zeigen und ein Album zusammenstellen wollen, werden sie mit großem Eifer den Dachboden durchwühlen. Wenn Ihnen die Bilder nur geliehen, nicht überlassen werden, bedanken Sie sich und lassen Sie einen Abzug anfertigen.

Als wir einmal Bilder für einen Stammbaum sammelten, den wir an die Wand hängen wollten, kamen von den Chapmans (Florences Familie) viele Bilder, während von der Littauer'schen Seite kein wesentlicher Beitrag kam. Wir malten einen großen Baum an die Wand, steckten die Bilder in ovale Rahmen und hängten sie wie Äpfel an den Baum, der etwas rechtslastig wurde — bis eines Tages Freds Mutter sah, dass er voller Chapmans hing. Binnen weniger Tage erhielten wir einen Stapel Fotos von Verwandten, von denen wir zum Teil noch gar nichts wussten. Es kamen aber auch Bilder von Fred, die uns erste Hinweise auf ein traumatisches Erlebnis in seiner Kindheit gaben.

In unserem Buch *Your Personality Tree* (Dein Temperamentsstammbaum) geben wir Anweisungen zur Erstellung eines solchen Stammbaumes. Wir haben viele positive Rückmeldungen dazu bekommen, wie viele Fotos gesammelt werden konnten, als die Familie von diesem Projekt erfuhr.

Eine Frau feierte beispielsweise ein Familienfest und bat alle, ein Kinderfoto von sich selbst mitzubringen. Sie nummerierte sie und breitete sie ohne Namen aus. Alle sollten dann die Bilder zuordnen. Dann nahm jeder sein Bild in die Hand und erzählte alles, was er oder sie zu den Kleidern, dem Hintergrund, der Situation und den empfundenen Gefühlen noch wusste. Alle Beteiligten behaupteten später, sie hätten an diesem Abend mehr über die anderen erfahren als je zuvor.

Wenn Sie Ihre Bilder vor sich aufgereiht haben, stellen Sie sich folgende Fragen:

Analyse von Einzelbildern

1. Verdecken Sie das Gesicht bis zu den Augen. Sehen Sie:
☐ Wut
☐ Angst
☐ Schmerz
☐ Kampfbereitschaft
☐ Traurigkeit
☐ Gleichgültigkeit
☐ Ist dieses Kind verletzt
☐ ein Funkeln
☐ Vergnügen
☐ Zärtlichkeit
☐ Freude
☐ pralles Leben
☐ Enthusiasmus
☐ oder glücklich?

2. Schauen Sie Ihre Kleidung an.
☐ Mochten Sie die Kleider?
☐ Wollte Ihre Mutter, dass Sie sie tragen?

Kommen bei diesem Bild Erinnerungen hoch?
☐ Positive?   ☐ Negative?

3. Fragen Sie Ihre Mutter (oder andere Familienmitglieder), ob es in der betreffenden Zeit Probleme in der Familie gab.

☐ Scheidung   ☐ Beziehungsschwierigkeiten
☐ ein Todesfall   ☐ Schulprobleme
☐ ein Umzug   ☐ Misshandlung

4. Befragen Sie Ihre Eltern nach Problemen in Ihrer Kindheit, an die Sie sich eventuell nicht mehr erinnern können. Eltern, die nichts zu verbergen haben, werden Ihnen ein oder zwei Episoden erzählen, aber werden Sie hellhörig, wenn der Elternteil behauptet, alles sei in Ordnung gewesen, und Sie brauchten sich mit dem Thema gar nicht zu befassen. Dies könnte darauf hinweisen, dass es etwas zu verbergen gibt.

Schauen Sie sich nun Gruppenbilder an.

Analyse von Gruppenfotos

So wie aufgereihte Einzelbilder den Zeitpunkt einer traumatischen Veränderung erkennbar machen können, so können Gruppenbilder auf Missstände in der Familie hinweisen. Wenn Sie alle Gruppenfotos gesammelt haben, die Sie kriegen können, schauen Sie sie aufmerksam durch. Florence berichtet von einem Bild der Familie ihrer Mutter: »Obwohl wir das Bild schon kannten, hatten wir es noch nie genau betrachtet. Großvater saß aufrecht und autoritär, von Großmutter abgewandt, die die kleinste Tochter an ihrer Seite umarmte. Die drei älteren Schwestern standen hinter der Mutter, fern vom Vater. Meine Mutter stand dabei ganz außen, etwas abseits. Keiner sah glücklich aus, manche strahlten Furcht aus. Der Bruder stand hinter dem Vater, der nur den Collie zu seinen Füßen berührte.

Als ich mit meiner Mutter über das Bild sprach, erzählte sie mir, dass alle Angst vor dem strengen Vater hatten, und dass sie manchmal die Schuld für die Streiche ihres Bruders auf sich nahm, damit dieser nicht geschlagen würde. Über den Hund sagte sie, er sei der beste Freund des Vaters gewesen, der sogar ein Gedicht zu seinem Tod geschrieben habe.

Wichtige Merkmale in Gruppenbildern

Position: Wer steht in der Mitte? Wer bildet den Blickfang? Sind die Kinder in einer bestimmten Ordnung positioniert?

Haltung: Schauen Sie auf die Hände jeder Person: Sind sie gefaltet, verkrampft, entspannt? Umfassen sie eine andere Person oder ein Spielzeug?

Schauen Sie auf die Arme: Sind sie ausgestreckt, hinterm Rücken verschränkt, umfassen sie ein Kind oder ein Elternteil?

Schauen Sie auf den Körper: Ist er frontal ausgerichtet? Wendet er sich von den anderen ab? Ist er betont aufrecht, lässig, zusammengekauert?

Schauen Sie auf den Kopf: Ist er zur Kamera, auf eine andere Person, nach oben, zur Seite, nach unten gerichtet?

Nähe: Sind die Menschen nahe beisammen oder etwas voneinander getrennt? Berühren die Eltern einander oder eines der Kinder? Sind die Kinder gleichmäßig verteilt oder auf einer Seite gruppiert? Stehen Jungen und Mädchen gemischt oder getrennt?

Stolz: Ist Selbstbewusstsein oder Unsicherheit bei den Einzelnen zu erkennen? Sind die Eltern stolz auf ihre Kinder oder gleichgültig ihnen gegenüber? Möchte eine Person mehr bemerkt werden als andere?

Armut: Steht im Hintergrund ein Haus mit bröckelndem Putz? Karge Einrichtung, verlotterte Umgebung? Ist die Kleidung einfach, abgetragen, unmodisch? Strahlen die Menschen und der Hintergrund Armut aus?

Schmerz: Schauen Sie auf die Augen jeder Person. Sehen Sie Schmerz, Furcht, Langeweile? Freude, Enthusiasmus, ein Funkeln? Scheint eine Person betrübt, abwesend oder den Tränen nahe zu sein? Ist dies eine glückliche Familie oder eine trübsinnige Truppe? Strahlen die Menschen Liebe und Wärme oder nur Pflichtgefühl aus?

Temperament: Erkennen Sie das mutmaßliche Temperament der Personen? Sehen Sie einen offensichtlichen Sanguiniker, der Fratzen schneidet, ein breites Lächeln trägt oder sich aufspielt? Sehen Sie einen kontrollierenden Choleriker, der offensichtlich die Hosen anhat oder ernst dreinschaut? Sehen Sie einen Melancholiker, der korrekt sitzt, akkurat gekleidet ist und die ganze Prozedur sehr ernst nimmt? Sehen Sie einen Phlegmatiker, der sich zurücklehnt, ruht, in die Ferne schaut, sich um die Aufnahme nicht zu scheren scheint?

Aussehen: Sehen die Personen kräftig, gesund, robust aus? Oder eher kränklich und freudlos?

Fürsorge: Hält, schützt oder bemuttert ein Kind ein anderes? Scheint eines sich mehr um die Geschwister zu kümmern als die Eltern? Scheint die Mutter erschöpft zu sein?

Wir wissen natürlich alle, dass man unmöglich die ganze emotionale Lage einer Familie von einem alten Bild ablesen kann, wir bekommen jedoch wertvolle Eindrücke vom Familienhintergrund. Therapeuten benutzen häufig Fotos, um an die Wurzel der Probleme der Klienten zu kommen, und wir können kostbare Zeit sparen, wenn wir das vorher schon selbst tun.

Legen Sie nun einige Bilder aus Ihrer Kindheit, darunter mindestens ein Familienbild, in chronologischer Reihenfolge vor sich hin und gehen Sie auf die folgenden Fragen ein. Schreiben Sie die Antworten in dem Bewusstsein auf, dass Sie versuchen, an die

Gefühle des Kindes heranzukommen, um die Probleme des Erwachsenen zu lösen.

1. Welche Worte kommen Ihnen in den Sinn, wenn Sie Ihre Kindheitsfotos betrachten?

_____

_____

2. Was empfinden Sie, wenn Sie sich als Kind anschauen?

_____

_____

3. Wie würden Sie die Familie auf diesen Bildern beschreiben? Eher glücklich als traurig, oder eher sorgenvoll als friedlich?

_____

_____

4. Wenn Änderungen in Ihrer Haltung auftreten, wann sind sie erschienen?

_____

_____

5. Welches Temperament strahlen Sie auf den Bildern aus?

_____

Sind Sie heute immer noch so? Wenn nicht, warum?

_____

_____

6. Was empfinden Sie beim Gedanken an den Ort und den Tag der Aufnahme?

_____

_____

7. Wer sind die anderen Menschen und was für ein Verhältnis hatten Sie zu ihnen?

_____

_____

8. Wie viel haben Sie der Gruppe bedeutet? Haben Ihre Eltern Sie wertgeschätzt?

_____

_____

9. Wo stehen Sie in der Gruppe? Sagt diese Position etwas aus? Werden Sie von jemandem liebevoll berührt?

_____

_____

10. Wer scheint der Herr im Bild zu sein oder die anderen in Schutz zu nehmen?

_____

11. Sehen Sie etwas in sich, das Sie vorher nicht wahrgenommen haben?

_____

_____

Sammeln Sie weiterhin Bilder, analysieren Sie Ihre Position in der Familie, und führen Sie Buch über Ihre inneren Reaktionen. Wenn Sie ein eigenartiges Gefühl beim Anblick einer bestimmten Person haben, muss das nicht von ungefähr kommen. Ihr Gefühl verrät etwas, was Ihr Verstand verdrängt hat.

Bitten Sie im Gebet um die Wiederherstellung Ihrer Erinnerung und neue Erkenntnis, damit Sie ein ganzheitliches Bild Ihrer Kindheit bekommen.

Fred: »Obgleich ich viele Symptome von sexueller Belästigung hatte (tief verborgener Zorn, geringes Selbstwertgefühl, das ich gewöhnlich überkompensierte, und eine ausgeprägte sexuelle Neugier, die ich nie in die Tat umsetzte), hätte ich sie nie einem Kindheitstrauma zugeordnet. Wie die meisten Menschen wusste ich einfach nichts davon.

Doch all das hat sich nun geändert. Mir sind die Augen geöffnet worden. Ich habe durch Kindesmisshandlung und Ablehnung zerstörte Menschenleben gesehen. Ich habe außerdem die verändernde Wirkung der Reinigung und Heilung durch Jesus Christus erlebt. Auch in meinem Leben.«[5]

Oswald Chambers schreibt: »Verfalle nicht in übertriebene Selbstprüfung und Angst vor der Zukunft, aber sei wachsam; halte dein Gedächtnis wach vor Gott.«[6] Zudem ruft er dazu auf, der Erinnerung Raum zu geben, denn sie sei ein Diener Gottes.

Teil IV

Eine echte Lösung für die Zukunft

11
Wie kann ich die Kraft anzapfen?

»Es gibt weder das Geld noch die Kapazität, um all die zu erreichen, die Hilfe brauchen.« Das schreibt der Psychiater Christ Zois in seinem erkenntnisreichen Buch *Wenn die Seele schlapp macht*, in welchem er dafür plädiert, dass Menschen versuchen sollten, einige ihrer Probleme selbst zu lösen. Der Grund für den geringen Erfolg sei, dass wir uns selbst so wenig zutrauen, und dass wir den Schmerz der Offenlegung unserer verdrängten Gefühle umgehen wollen. Stattdessen meiden wir diesen Schmerz durch Abwehr, Ausreden und Verdrängung. Er stellt fest, dass wir nicht an die Wurzel unserer Probleme gelangen können, bis wir einen gewissen Grad an innerer Unruhe zulassen.

Ein christlicher Psychiater erzählte uns, dass er pro Woche 60 neue Missbrauchspatienten in seine Klinik aufnimmt. Mit allem Wissen, Können und Einfühlungsvermögen sei seine Erfolgsquote dennoch relativ gering. In den letzten fünf Jahren haben nur zehn Menschen erhebliche Fortschritte gemacht, drei davon seien er selbst, seine Frau und deren Therapeutin. »Wir können alles versuchen und haben dennoch nicht die Antwort«, sagte er.

Die Kraft anzapfen

Indem Sie die Tests in diesem Buch durchgeführt haben, sind Sie tatsächlich Ihr eigener Therapeut geworden. In unserer 25-jährigen Erfahrung im christlichen Seelsorgedienst haben wir festgestellt, dass viele doch ihre eigenen Probleme lösen können, wenn sie nur verständliche Hilfsmittel bekommen — und bereit sind, diese auch einzusetzen. Zu diesen Hilfsmitteln muss der Glaube an Jesus Christus als den eigentlichen Arzt kommen, durch den nicht nur das Mögliche, sondern auch das Unmögliche erreicht werden kann (siehe Lk. 18, 27).

Es gibt keine einfachen Lösungen für unsere komplexen Probleme, jedoch haben wir Zugang zur Kraft, die uns Hoffnung verschafft. Bevor wir unsere Suche nach einem Leben in Fülle fortsetzen, prüfen wir noch unsere Fähigkeit, diese Kraft anzuzapfen. Kreuzen Sie bei den folgenden Fragen Ja oder Nein an, und lesen Sie dann die Erläuterungen.

Geistliche Bestandsaufnahme

Ja Nein

1. Würden Sie sagen, Sie befassen sich viel mit religiösen Dingen? ___ ___

2. Haben Sie je einen echten Drang zu geistlichen Dingen verspürt? ___ ___

3. Haben Sie als Kind Gemeindeveranstaltungen besucht? ___ ___

4. Können Sie sich erinnern, wann Sie den Herrn Jesus zum ersten Mal in Ihr Leben gebeten haben? ___ ___

5. Hat dieses Gebet konkrete Folgen für Ihr Leben gehabt? ___ ___

6. Besuchen Sie regelmäßig eine Gemeinde oder einen Bibelkreis? ___ ___

7. Glauben Sie, dass Gott der Schöpfer des Himmels und der Erde und Vater aller Menschen ist? ___ ___

8. Glauben Sie, dass Jesus Christus für Ihre Sünden das Opfer gezahlt hat, auferstanden ist, heute lebt und vor dem Vater für uns eintritt? ___ ___

9. Glauben Sie, dass der Heilige Geist Ihnen heute Kraft verleiht und in der Lage ist, Vergessenes wieder hervorzuholen? ___ ___

10. Wissen Sie, dass unser Leben verändert werden kann, wenn Jesus in uns wohnt, und dass der wahrhaftig frei ist, den Jesus frei macht? ___ ___

Wenn Sie auf all diese Fragen mit Ja antworten konnten und wissen, dass Sie Christ sind, dann können Sie Ihrem Ziel der emotionalen Stabilität und Gesundheit entgegengehen.

Wenn Sie die meisten dieser Fragen nicht mit Ja beantworten konnten, wollen wir herausfinden, warum. Trifft eine der folgenden Beschreibungen auf Sie zu? Markieren Sie, welche.

☐ Der Pharisäer

Sich mit religiösen Dingen zu befassen, muss nichts heißen, wenn Sie dabei nur einen Satz Regeln befolgen. Jesus hat Menschen, die nach außen hin religiös, innerlich aber verachtend und lieblos sind, als Heuchler und getünchte Gräber (außen weiß, innen tot) bezeichnet. Passt diese Beschreibung auf Sie oder jemanden, den Sie kennen? Jesus möchte, dass wir äußerlich *und* innerlich lebendig sind. Er sucht Wahrhaftigkeit bis ins Innerste.

☐ Der Namenschrist

Wenn Sie in einer Gemeinde groß geworden sind und regelmäßig die Veranstaltungen besucht haben, müssten Sie geistliche Dinge begreifen. Das ist aber nicht zwingend der Fall. Es kommt vor, dass wir durch den Gemeindebesuch in der Jugend Gott gegenüber abstumpfen und nie eine persönliche Beziehung zu ihm aufbauen. Sie meinen vielleicht: »Ich bin ein guter Mensch, gehe in die Gemeinde und lebe nach den Geboten. Reicht das nicht?« Es kann sein, dass wir einigen aus der Gemeinde zu nahe gekommen sind und ihre Schwächen erkannt haben. Dann stempeln wir sie als ver-

192

logen ab und wollen auf keinen Fall so werden wie sie. Diese Haltung gibt uns einen Grund, von der Gemeinde fern zu bleiben. Manchmal, wenn wir als Kinder gezwungen wurden, in die Gemeinde zu gehen, rebellieren wir und schwören, dass wir mit unseren Kindern nicht so umgehen werden. Wir wollen ihnen — und uns selbst — die freie Entscheidung lassen.

☐ Der Traditionschrist

Viele glauben, sie seien Christen, weil sie nicht als Juden oder Moslems erzogen wurden. Sie gehen auch zwei Mal im Jahr zur Kirche — zu Weihnachten und zu Ostern. Die Bibel sagt uns aber, dass wir eine persönliche Beziehung zu Jesus Christus brauchen. Wir sollen unseren Willen ihm unterstellen und ihn bitten, in unser Leben zu kommen und uns zu verändern. In Johannes 1,12 heißt es: »Die ihn aber aufnahmen und an ihn glaubten, denen gab er das Recht, Kinder Gottes zu sein.« Er hat nicht denen das Leben in Fülle verheißen, die mit Anwesenheit in jedem Gottesdienst und jeder Gemeindeveranstaltung glänzen, sondern denen, die ihn aufnehmen und an ihn glauben.

Wenn Sie sich nicht sicher sind, ob Sie Jesus je in Ihr Leben eingeladen haben, brauchen Sie nicht erst eine Kirche aufzusuchen. Sie können hier und jetzt beten. Sie können ein Gebet selbst formulieren oder auch das folgende Gebet mit aufrichtigem Herzen sprechen:

Herr Jesus, ich komme zu dir, so wie ich jetzt gerade bin. Ich kenne dich nicht wirklich persönlich und doch verspüre ich einen Hunger nach geistlichen Dingen. Du sagst, wenn ich an dich als Person glaube und mich nach dir ausstrecke, dann kommst du und wohnst von jetzt an in mir. Ich bitte dich, dass du jetzt in mein Herz kommst und dich mir auf ganz reale Art und Weise offenbarst. Verändere mich in das Bild, das du von mir hast. Ich danke dir schon im Voraus für das, was du mit mir tun wirst und verspreche, mit anderen Hilfsbedürftigen zu teilen, was du mich lehrst. Ich bete dies im Glauben, dass du zu deinem Wort stehst und schon jetzt in meinem Leben wirkst. Amen.

☐ Der laue Christ

Sie haben vielleicht schon mal solch ein Gebet gesprochen, aber es hat sich nichts geändert. Wenn Sie eben das Gebet gesprochen haben, spüren Sie jetzt eine Welle des Friedens? Der Herr handelt nur so weit in unserem Leben, wie wir es zulassen. Er bedrängt uns nicht. Er verändert unseren Charakter und unsere Wünsche. Er schickt uns nicht einen Mann in langem Gewand mit Rauschebart und zwei Tafeln in der Hand, der sagt: »Du sollst nie wieder Spaß haben!« Er macht sich nur leise an den Wiederaufbau der niedergerissenen Teile unseres Lebensgebäudes. Oswald Chambers schreibt: »Christus versucht nie, unsere natürlichen Fähigkeiten... aufzubessern. Er macht einen Menschen innerlich völlig neu.«[1]

☐ Der Christ ohne die Kraft des Heiligen Geistes

Als Kind kannten wir möglicherweise nicht mehr vom Heiligen Geist als die Formel: »Im Namen des Vaters und des Sohnes und des Heiligen Geistes.« War er ein spukender Geist, der über uns schwebte oder uns durch die Jalousien hindurch beobachtete?

Als wir begannen, die Bibel zu studieren, erkannten wir, dass der Heilige Geist die dritte Person der Dreieinigkeit ist, und dass er uns die Kraft zur Veränderung verleiht. Bei manchen vollzieht sich die Veränderung schnell, bei den meisten jedoch ist sie ein Prozess. Eines Tages merken wir aus heiterem Himmel, dass wir gar nicht mehr so denken und handeln wie früher. Das Gefühl des Zorns hat sich nicht eingestellt, wir sind nicht aufgebraust, wir schieben nicht mehr alles auf die lange Bank. Die Kraft des Heiligen Geistes hat uns verändert. Chambers schreibt: »Wenn wir neugeboren sind, fängt der Heilige Geist an, seine neue Schöpfung in uns zu gestalten, und irgendwann wird nichts mehr vom alten Leben übrig sein.«[2]

Lesen Sie noch einmal die Geschichte in Johannes 5 über den Mann, der, seit 38 Jahren gelähmt, am Teich Bethesda auf Heilung wartete. Als Jesus vorbeikam, sagte er dem Mann, er solle sein Bett (seine Grenzen) nehmen und gehen. Der Mann tat, was Jesus sagte — und konnte gehen.

Jesus blieb nicht, um das Lob für dieses Wunder zu bekommen, sondern schlich sich davon. Später fand Er den Mann im Tempel und sagte ihm: »Siehe, du bist gesund geworden; sündige nicht mehr« (Joh. 5,14). Der Mann ging fort und sagte den Juden, dass es Jesus war, der ihn gesund gemacht hatte.

In dieser Geschichte stecken einige Grundprinzipien, denen wir folgen müssen, um Heilung zu erfahren:

1. Zugeben, dass es ein Problem gibt. Der Mann wusste, dass er gelähmt war. Viele von uns haben Nöte, die wir verleugnen und Verletzungen, die wir nicht wahrhaben wollen. Bis wir bereit sind, erst einmal zuzugeben, dass wir ein Problem haben, wird es uns nicht besser gehen. Manche Menschen leiden an Kopfschmerzen, Magenbeschwerden und anderen Krankheiten, die der Arzt nicht heilen kann, weil sie nicht zugeben, dass sie ein Problem haben, dass nicht physiologischer Art ist.

2. Den Ort der Hilfe aufsuchen. Der Gelähmte wusste, dass Menschen an diesem Teich gesund wurden und kam deshalb täglich dort hin. Er wartete 38 Jahre im Glauben, letztendlich doch geheilt werden zu können. Hoffen wir, dass wir nicht 38 Jahre warten müssen!

3. Jesu Anweisungen befolgen. Wenn wir Jesus einmal signalisiert haben, dass wir Hilfe brauchen und uns aufgemacht haben, sie zu empfangen, wird er uns Anweisungen geben. Den Mann hieß er aufstehen und gehen. Dieser widersprach nicht erst, das sei unmöglich, sondern tat den ersten Schritt. Sehnen wir uns genug nach Heilung, dass wir bereit sind, heute danach zu handeln?

Manche denken, ihre Probleme seien nicht groß genug, um von Jesus bemerkt und geheilt zu werden. Sie haben keine Hoffnung und suchen deshalb keine Hilfe. Der Gelähmte gab nicht auf; 38 Jahre lang ging er jeden Tag hin.

Für manche ist dieser Ort der Heilung eine Gemeinde, ein Seelsorger oder Therapeut, ein Freund oder ein Buch. Während wir zuhören oder lesen, müssen wir uns nach Jesus ausrichten, damit wir ihn hören können, wenn er spricht.

Die Tabelle »Geistliche Unterschiede der Temperamente« könnte für den Heilungsprozess hilfreich sein, weil Sie darin geistliche Unterschiede zwischen den Temperamenten erkennen können. Das Wissen um Merkmale, die für Sie zum Problem werden können, kann Ihnen bei der Überwindung helfen; das Wissen um Merkmale, die Ihnen zusagen, kann Ihnen bei der Suche helfen.

Geistliche Unterschiede der Temperamente

Hindernis zum Christwerden	geistliche Stolpersteine	Lieblingsgemeinde	Lieblingslied und Lieblingsvers
GEWINNENDER SANGUINIKER			
Es scheint kein Vergnügen zu sein, und diese Menschen schauen zu ernst drein.	Probleme mit dem Thema Heiligung und Reinigung Zu viele Gesetze und Regeln	Eine, wo Leben und Fröhlichkeit herrscht, wo im Gang mit Tamburin getanzt wird. Liebt kurze, humorvolle Predigten mit vielen Beispielen.	»Jesus ist kommen, Grund ewiger Freude« »Ein fröhliches Herz bringt gute Besserung« (Spr. 17,22).

Hindernis zum Christwerden	geistliche Stolpersteine	Lieblingsgemeinde	Lieblingslied und Lieblingsvers
GRÜNDLICHER MELANCHOLIKER			
Ich könnte für Gott nie gut genug sein.	Probleme, denen zu vergeben, die es nicht verdienen. Zu viel bedingungslose Liebe	Eine mit traditioneller Liturgie und würdigem Ablauf. Liebt ausführliche Aushänge. Bewundert intellektuelle, tiefgeistliche Predigten mit Hinweisen auf griechische Ableitungen.	»Wohl denen, die da wandeln« »Ihr nun sollt vollkommen sein« (Mt. 5,48).
GEWALTIGER CHOLERIKER			
Ich könnte die Kontrolle nicht an jemanden abgeben, den ich nicht mal sehen kann.	Probleme mit der Autorität Gottes Zu wenig Kontrolle über das eigene Schicksal	Eine, wo Zucht und Ordnung herrscht, mit praktischem, sinnvollem Gottesdienstablauf. Liebt kurze, knappe Predigten, die auf andere zutreffen.	»Erwacht vom Schlaf, ihr Streiter des Herrn!« »Alles aber geschehe anständig und in Ordnung« (1. Kor. 14,40).

Hindernis zum Christwerden	geistliche Stolpersteine	Lieblingsgemeinde	Lieblingslied und Lieblingsvers
GEMÜTLICHER PHLEGMATIKER			
Hieße das, ich müsste mich verändern?	Probleme mit Wahrheit und Verantwortung vor Gott Zu viel Betonung auf gute Werke	Eine mit einer gelassenen Atmosphäre – nicht zu anspruchsvoll. Liebt knappe, erbauliche Predigten ohne Hinweis auf Tod und Teufel	»So nimm denn meine Hände und führe mich« »Glückselig die Friedensstifter« (Mt. 5,9).

Wenn Sie nicht schon einer Gemeinde oder einem Bibelkreis angehören, sollten Sie nach einem Ort suchen, wo Gottes Wort gepredigt und geehrt wird, und wo sich die Liebe Gottes in den Augen der Menschen widerspiegelt. Achten Sie darauf, dass nicht der Pastor oder Lehrer anstelle Gottes verehrt wird, und seien Sie auf der Hut vor Gruppen, die versuchen, Kontrolle über Sie, Ihre Finanzen oder Ihre Familie auszuüben. Beten Sie um Erkenntnis darüber, wo Sie hingehen und wie weit Sie sich einbringen sollen. Vergessen Sie nicht, dass wir es immer mit unvollkommenen Menschen zu tun haben, und seien Sie nicht enttäuscht, wenn einer auf völlig ungeistliche Weise reagiert.

Für manche ist die Stimme Gottes klar und seine Anweisungen lebensverändernd. Andere werden sich wieder abwenden, weil es alles mit zu viel Arbeit verbunden ist. Für viele ist Heilung ein schwieriger Prozess, aber Jesus ist treu, wenn wir bereit sind, unser Bett zu nehmen und loszugehen.

Erinnern Sie sich an die Worte des Gelähmten, als man ihn nach seiner Heilung fragte. Er bekannte öffentlich: »Jesus hat mich geheilt.«

Egal, wo unsere Schwierigkeiten liegen, ob im Temperament, in den Beziehungen, in der Kommunikation, in Ablehnung oder in einem Kindheitstrauma, Jesus kann uns heilen. Bevor wir leuchten können, müssen wir die Kraft anzapfen. Zum besseren Verständnis stellen Sie sich ein elegantes Wohnzimmer vor. Ein langes Sofa steht an der Wand, an jedem Ende steht ein elegantes Tischchen, auf dem eine teure Leselampe mit schönem Ständer und seidenem Schirm steht.

Die Sonne geht unter, und Sie knipsen eine dieser Lampen an, aber es passiert nichts. Sie schauen nach, ob eine Birne drin ist, ja da ist eine. Woran könnte es liegen? Die Lampe scheint in Ordnung zu sein, aber sie funktioniert nicht. Sie verfolgen das Kabel hinter den Tisch und erkennen das Problem: der Stecker steckt nicht in der Steckdose. Wenn der Stecker eingesteckt und der Strom angezapft ist, leuchtet die Lampe hell, so wie sie geschaffen wurde.

Und Sie? Haben Sie einen schönen Ständer und einen seidenen Schirm? Haben Sie eine Birne, mit der Sie die Umgebung erleuchten könnten und sind nur nicht an die Stromquelle angeschlossen? Heute ist für Sie ein Wendepunkt. Sie haben nun die Kraft angezapft, mit der Sie eine echte Lösung finden können.

12

Woher weiß ich, ob ich Seelsorge brauche?

Nehmen wir an, Sie haben dieses Buch zur Hand genommen, weil Sie Beziehungsprobleme oder emotionalen Stress oder psychosomatische Symptome haben. Sie brauchen Hilfe, wissen aber nicht, wohin Sie sich wenden sollen. Jemand empfahl Ihnen dieses Buch. Wir nehmen auch an, dass Sie alle Tests im Buch durchgeführt und einige überraschende Entdeckungen gemacht haben.

Sie haben (vielleicht zum ersten Mal) Ihr Temperament unter die Lupe genommen und festgestellt, dass Sie bisher versucht haben, so zu sein wie andere, die Sie bewundern, dabei aber an Gottes Absicht für Ihr Leben vorbeigerauscht sind. Möglicherweise haben Sie entdeckt, dass Ihre emotionalen Bedürfnisse als Kind nie erfüllt wurden und Sie dies nun von Ihrem Partner erwarten, der keinen blassen Schimmer davon hat, was Sie eigentlich suchen. Wir hoffen, dass Sie Ihr Temperament im Gebet bewegt haben und daran gegangen sind, Ihre Stärken zu fördern und an Ihren Schwächen zu arbeiten, damit Sie nicht mehr so sein müssen wie jemand anderes. Sie haben Ihrem Partner und Ihren Freunden erklärt, dass Sie nun verstehen, warum Sie so unausgeglichen waren und haben Ihnen für jede Ermutigung in der Vergangenheit gedankt.

Wenn Sie gewinnender Sanguiniker sind, danken Sie für das Lachen über Ihre Geschichten, für die Komplimente zu Ihrem Aussehen und für die Liebe, die Sie bekommen haben.

Wenn Sie gründlicher Melancholiker sind, danken Sie allen, die auch nur annähernd Verständnis für Ihre Gefühle hatten, und Ihr Bedürfnis nach Ruhe und Alleinsein respektiert haben.

Wenn Sie gewaltiger Choleriker sind, danken Sie für die Anerkennung Ihrer geleisteten Arbeit und für alle, die trotz Opposition hinter Ihnen standen.

Wenn Sie gemütlicher Phlegmatiker sind, danken Sie allen, die Ihre stillen Taten hinter den Kulissen bemerkt haben, Ihre Vermittlungsfähigkeiten sowie Ihre Ausgeglichenheit und Friedfertigkeit positiv erwähnt haben.

Inzwischen sehen Sie vermutlich auch die, die so anders sind als Sie, insbesondere Ihre eigenen Kinder in einem ganz neuen Licht. Eine Mutter schrieb uns: »Ich dachte immer, Sprüche 22, 6 hieße, wenn wir unsere Kinder nur in der Gemeinde halten, wird schon alles gut gehen. Nun sehe ich jedoch, dass wir sie mit Weisheit ihrem angeborenen Temperament gemäß erziehen sollen, damit sie später Lebensentscheidungen treffen können, die ihren Stärken, nicht ihren Schwächen entsprechen.«

Sie sollten nun nicht zum Telefonbuch stürzen und sich im nächsten Therapiezentrum anmelden, es sei denn, Sie sind in großer emotionaler Not. Sie können jetzt die Ursachen auf bestimmte Gebiete eingrenzen, wenn Sie die Fragen im Buch beantwortet und festgestellt haben, dass Ihnen an mancherlei Stelle eine echte Lösung fehlt. Sie haben davon gehört, dass Gott einen Plan für Sie hat, dass Jesus Christus Ihr Ratgeber und Arzt ist, und dass der Heilige Geist Ihnen die Kraft verleiht, das Leben neu zu gestalten. Bevor Sie menschliche Hilfe suchen, bereiten Sie den Weg durch tägliches schriftliches Gebet vor, wie Fred es tat. Geben Sie sich dafür einen Monat Zeit. Fragen Sie Gott, welche Art Hilfe Sie benötigen und bitten Sie, dass Er Ihnen einen Menschen über den Weg schickt, der den richtigen Seelsorger oder Therapeuten kennt. Wenn Sie hörendes Gebet einsetzen — indem Sie die Fragen aufschreiben und dann auf eine Antwort warten — werden Sie bald merken, wohin der Herr Sie lenkt. Den Weg zur Heilung kann man immer mit Gebet beginnen. Womöglich brauchen Sie genau das, um Ihre Lebenseinstellung zu ändern.

In den achtziger Jahren hat Norman Cousins die heilende Kraft des Lachens dokumentiert und damit eine Verbindung zwischen physischem Schmerz und dem inneren Wohlergehen nachgewiesen. Seine Theorien wurden weit verbreitet. 1993 schrieb Bill Moyers, ein angesehener Journalist in den USA, ein Buch mit dem Titel: *Die Kunst des Heilens*, in dem er die »neue« wissenschaftliche Erkenntnis der Verbindung zwischen Psyche und Gesundheit erläutert. Die Neurologin Candace Pert sagt, das Gedächtnis sei überall im Körper. Diese Theorie nennt sie «Körpergedächtnis: die Biochemie der Emotionen».

Beginnen Sie mit den Kraftquellen, die Sie wenig mehr als Zeit kosten, bevor Sie andere Hilfe suchen. Es kann sein, dass Sie professionelle Hilfe benötigen. In den USA suchen 40 Prozent aller Menschen einmal im Leben psychotherapeutische Hilfe auf.[3] Wenn diese Zahl annähernd stimmt, werden auch viele von Ihnen einen Therapeuten, Seelsorger, Pastor oder Arzt aufsuchen. Obwohl wir auch bleibende Heilung durch das oben beschriebene Gebet beobachten konnten, wissen wir, dass für einige der persönliche Kontakt mit einer verständnisvollen Person von Vorteil ist.

Florence hatte eine Seelsorgerin dabei, als sie Fred konfrontierte, und er ließ sich auf eine zweiwöchige Therapie ein, um an die Wurzel seiner Kindheitsprobleme zu gelangen. Vorher begann er, eine Stunde täglich seine Gebete aufzuschreiben und meint heute, dies sei der Grund für seinen raschen Fortschritt. Zu der Zeit wurde zwar der Missbrauch nicht offenbar, aber der Psychologe setzte ihn auf die richtige Spur. In weiteren Sitzungen mit einem Seelsorger wurde der Missbrauch durch eine Frau sowie durch einen Mann enthüllt. Wenn Fred damals gewusst hätte, was wir heute wissen, hätte er sich zwei Wochen kostspielige Therapie ersparen können.

Nachdem Sie das Buch durchgearbeitet haben und wissen, wo Ihre Nöte sind, sollten Sie nun über Ihre weitere Vorgehensweise entscheiden. Mit Bereichen wie Temperament, Masken, emotionalen Bedürfnissen, Stress, Reife und Kommunikation kommen Sie möglicherweise allein zurecht. Am Ende des Buches finden Sie Literaturhinweise, die hilfreich sein können, wenn Sie den Problembereich entdeckt haben. Auf anderen Gebieten jedoch werden Sie auf Hilfe von außen angewiesen sein. Bei einer Konfrontation mit Ihrem Partner, beispielsweise, wäre es sicherer, einen Freund, eine Freundin oder einen Seelsorger hinzuzuziehen. Manche Menschen brauchen Hilfe bei der Bewältigung ihrer Trauer, besonders wenn wahre Gefühle unterdrückt worden sind. Und viele brauchen Hilfe bei der Identifikation von Quellen der Ablehnung. Sie können sicher Ihre eigenen Bilder analysieren, doch auch ein Psychologe wird oft nach Kindheitsfotos fragen.

Sollten Sie mit dem Thema Missbrauch zu tun haben, ist professionelle Hilfe sicher angebracht, obwohl es einigen auch gelungen ist, die Erinnerung durch tägliches schriftliches Gebet, zu verarbeiten. Nicht jeder Therapeut hat Erfahrung mit Kindesmissbrauch, besonders wenn es um Wiederherstellung der Erinnerung geht. Noch weniger haben mit rituellem Missbrauch Erfahrung. Wie schon erwähnt, leugnen einige sogar, dass es so etwas gibt. Und wenn es um eine dissoziative Störung geht, ist es besonders wichtig, einen erfahrenen Therapeuten zu finden.

Nun, da Sie Ihre Symptome einordnen können, wissen Sie, was Sie fragen müssen, bevor Sie jemanden aufsuchen. Ein Therapeut oder Seelsorger ohne Erfahrung in den genannten Gebieten könnte mehr Schaden anrichten als helfen.

Wir haben eine kleine Checkliste zusammengestellt, die Sie durchgehen können, bevor Sie sich für jemanden entscheiden, der Ihnen bei der Heilung zur Seite stehen soll.

Wie finde ich einen Seelsorger oder Therapeuten?

Sie haben erkannt, dass Sie ein Problem haben, wissen aber nicht, wer Ihnen weiterhelfen könnte. Was nun?

1. Fragen Sie Ihre Bekannten. Der beste Weg, einen als gut befundenen Seelsorger oder Therapeuten zu finden, ist es, Bekannte zu fragen, die Seelsorge schon in Anspruch genommen haben. Sie können berichten, wer Ihnen wirklich weitergeholfen hat, wer nett aber inkompetent zu sein schien und wer gar nicht hilfreich war.

2. Fragen Sie in Ihrer Gemeinde oder einer großen Gemeinde in Ihrer Gegend. Viele Gemeinden haben erkannt, wie wichtig Seelsorge ist und haben entweder selbst ein Netz von Seelsorgern oder eine Liste mit Adressen vor Ort. Sagen Sie ihnen, welcher Art Ihr Problem zu sein scheint, denn es gibt einen großen Unterschied zwischen Ehe- und Suchtproblemen.

3. Besuchen Sie Seminare. Zuweilen halten Seelsorger oder Psychologen Seminare in Gemeinden in ihrer Nähe. Gehen Sie hin, um zu erspüren, ob diese Person vermutlich Verständnis für Ihr Problem hat oder nicht.

4. Wenden Sie sich an städtische Einrichtungen. Schauen Sie im Telefonbuch nach Psychologischen Einrichtungen. Sie werden dann entweder an einen der eigenen Leute verwiesen oder auch an einen anderen, wenn dieser auf Ihrem Problembereich spezialisiert ist.

5. Wenden Sie sich an eine christliche Beratungsstelle. Es gibt einen bundesweiten Beratungsführer christlicher Einrichtungen ambulanter/stationärer Beratung und Therapie sowie christlicher Schulungs- und Ausbildungsangebote für Beratung und Seelsorge von der Initiative »du sollst leben« e.V., der über die folgende Adresse bezogen werden kann: Leben im Kontext e.V., Psychosoziale Beratungsstelle, Elisabethstr. 16, 44139 Dortmund, Tel. 02 31/52 29 52.[4]

Was ist ein christlicher Psychologe?

Es gibt viele, die sich christlich nennen. Manche haben mit dem Glauben nicht mehr am Hut als die Aufschrift an der Tür. Manche werfen hier und da einen Bibelvers ein, um den Namen Gottes erwähnt zu haben. Einige beginnen und enden eine Sitzung mit einem Gebet von der Art: »Lieber Gott, mach mich fromm«. Auf der anderen Seite gibt es Pastoren, die an Seelsorge nicht glauben und meinen: »Wenn du jeden Tag deine Bibel lesen, zu den Gemeindeveranstaltungen kommen und den Zehnten geben würdest, hättest du keine Probleme.« Oder: »Vielleicht ist Sünde in deinem Leben, deshalb fühlst du dich schuldig. Bekenne sie und schreite voran.« Wenn jemand nach dem rettenden Strohhalm sucht, sind diese Klischees wenig hilfreich.

Laura schrieb uns: »Ich war in Tränen aufgelöst und dem Selbstmord nahe, als ich den Pastor anrief. Ich schrie: ›Hilf mir, Pastor! Hilf mir!‹ Nach einer kurzen Pause fragte er: ›Hast du heute schon deine Bibel gelesen und Stille Zeit gemacht?‹ Ich sagte ihm, ich könne nicht lesen, nicht beten, nicht mal klar denken. ›Da liegt dein Problem‹, war seine Antwort. ›Du musst Zeit mit dem Herrn verbringen.‹

Ich war sprachlos. Aus den Augen quoll es, aus der Nase triefte es, und Gott ließ all das zu, nur weil ich heute keinen Bibelvers gelesen hatte? Was für ein Gott war das?«

Solch ein Rat ist natürlich nicht die Regel, aber wenn Sie mit christlichen Plattitüden abgefertigt werden, die Ihnen nur noch mehr Schuldgefühle aufladen, dann suchen Sie woanders nach Hilfe.

Was muss ich von einem Psychologen wissen?

Sie sollten einiges über den Psychologen wissen, bevor Sie sich in seine oder ihre Hände begeben. Folgende Fragen können Sie in einem einführenden Telefongespräch an ihn oder sie stellen:

1. Sind Sie praktizierender Christ?
2. Gebrauchen Sie das Gebet im Heilungsprozess?
3. Wie häufig kommen die meisten Klienten zu Ihnen?
4. Wie viel nehmen Sie für eine Sitzung?
5. Wie lang ist eine Sitzung bei Ihnen?
6. Sind Sie bei den Krankenkassen zugelassen?
7. Behandeln Sie mein Problemgebiet?
8. Welche Erfahrungen haben Sie darin schon gesammelt?
9. Bieten Sie auch Gruppentherapie an?
10. Gibt es weiterführende Gruppenangebote?

Sie können auch weitere, für Sie persönlich wichtige Fragen stellen, aber diese können ein Anhaltspunkt sein. Wir sind vielen Menschen begegnet, die keine dieser Fragen zu Beginn gestellt haben – und eine böse Überraschung erlebt haben.

Was bringt mir die Therapie?

Seelsorge oder Therapie in Anspruch zu nehmen, ist nicht ein Zeichen des Versagens. Viele von uns brauchen zu bestimmten Zeiten Hilfe von außen. In 1. Samuel 8 erklärt das Volk, warum es einen König haben will: Es will so sein wie alle anderen. Klingt das bekannt? Wir wollen nicht anders oder sonderbar sein. Wir kleiden uns nach der Mode, fahren das derzeit beliebte Auto und wollen dem Charakter entsprechen, der in unserem Freundeskreis gern gesehen wird.

Der zweite Grund für das Volk Israel war, dass sie einen Leiter haben wollten, der ansprechbar war, den sie sehen konnten, der antworten würde, der sich um ihr Wohl sorgte. Suchen wir nicht aus demselben Grund die Seelsorge? Wir brauchen ein Gegenüber, eine Autoritätsperson, mit der wir reden können, die uns zuhört und uns nicht unterdrückt, jemanden, der auf unserer Seite steht.

Das Volk suchte außerdem einen, der ihre Kriege führen würde. Auch das kommt uns bekannt vor. In dieser Zeit der Knopfdruckgesellschaft wollen wir eine Pille zum Abnehmen, eine Spritze gegen den Schmerz und innere Heilung ohne unser eigenes Zutun. Wir wollen, dass jemand für uns in den Kampf zieht.

Das Volk Israel bekam diese Person. König Saul machte einen viel versprechenden Anfang. Doch das Volk lernte, dass es nichts umsonst gibt. Diese Hilfe hat es eine Menge gekostet!

Einen Seelsorger oder Therapeuten aufzusuchen kostet uns mindestens Zeit, meist auch Geld. Und er kann keine Wunder bewirken. Er ist nicht Gott. Er kann Ihnen in die Augen schauen, auf die Schulter klopfen, Worte der Ermutigung aussprechen, Richtlinien anbieten, aber er kann nicht Ihre Arbeit tun!

Was kann ein Psychologe für mich tun?

Ein Psychologe oder Seelsorger kann Ihnen auf verschiedene Weise helfen:

1. Hoffnung machen. Für eine Not leidende Person könnte ein Außenstehender, der zuhört, seit Jahren den ersten Hoffnungsschimmer bieten. Allein das Zuhören ist schon ein Segen.

2. Objektiv sein. »Bin ich verrückt?« Oft stellen Menschen diese Frage an uns. So lange ist ihnen eingetrichtert worden, dass sie sich alles nur einbilden, bis sie an ihrem Verstand zweifeln. Ihre Mutter hat sie unterdrückt, der Partner hat sie als hoffnungslosen Fall abgestempelt und die Kinder achten sie nicht mehr. »Bin ich ein Fall für die Irrenanstalt?« ist ihre Frage.

Ein Seelsorger oder Therapeut kann Ihnen versichern, dass Sie nicht verrückt sind und eine unabhängige Meinung abgeben. Eine Frau schrieb: »Zu dem Zeitpunkt hätte ich hundert Mark dafür gegeben, dass mir jemand sagt: ›Du bist nicht verrückt!‹« Es kann sein, dass diese Bestätigung allein schon die Mühe wert ist.

3. Grenzen setzen. Mitunter brauchen wir von außen einen Hinweis auf unsere eigenen Grenzen. Missbrauchsopfer neigen dazu, so sehr gefallen zu wollen, dass sie leicht ausgenutzt werden. Da sie nicht Nein sagen können, ist eine Stimme von außen gut, die sagt: »So geht das nicht. Du kannst dich nicht weiter so kaputt-machen.« Es kommt vor, dass die Eltern verlangen, jeden Morgen angerufen oder zu Weihnachten immer besucht zu werden und sonst mit Enterbung drohen. Oder sie sprechen Ihnen Ihr Christsein ab, wenn Sie nicht in ihre Gemeinde gehen. Es kann auch wichtig sein, die Begegnungen mit dem Täter der Misshandlung einzugrenzen. Was tun, wenn ein Elternteil vehement bestreitet, dass der andere Ihnen Schaden zugefügt haben könnte? Solche und ähnliche Fragen können mit einem erfahrenen Außenstehenden besprochen werden.

4. Schuldgefühle lösen. Jeder, der auf irgendeine Weise misshandelt worden ist, fühlt sich schuldig. Als wir zum zweiten Mal einen Sohn mit einem Hirnschaden bekamen, empfanden wir, dass wir als Eltern völlig versagt hatten. Irgendwie dachten wir, wir wären schuld daran. Manche hatten den Verdacht, Florence ernähre sich nicht gesund, oder es läge ein Fluch auf uns, oder wir hätten das Kind fallen lassen und wollten dies nicht zugeben. Wenn wir jetzt auf diese Zeit zurückschauen, wo zur Trauer noch Schuldgefühle hinzukamen, fragen wir uns, wie wir überhaupt da durchgekommen sind! Wir hätten durchaus einen Seelsorger gebrauchen können, der uns zuspricht: »Es ist nicht eure Schuld.« Ein kompetenter Therapeut kann Sie von Schuld freisprechen, die nicht Ihre ist, Sie in die Verantwortung nehmen, wo Sie sich verändern müssen und beides voneinander unterscheiden.

5. Dranbleiben helfen. Da wir meist etwas nachlässig sind, wenn wir an uns selbst arbeiten müssen, ist es ganz günstig, jemanden zu haben, vor dem wir uns kontinuierlich rechtfertigen müssen. Es gibt so viel Dringendes zu erledigen, dass wir das Wichtigste gern vernachlässigen, nämlich uns selbst emotional so ins Gleichgewicht zu bringen, dass wir all das Dringende bewältigen können. Der Grund, warum beaufsichtigte Abnahmekuren so beliebt sind, ist nicht, weil wir nicht allein abnehmen könnten, sondern weil dort jemand ist, der oder die uns für jedes abgenommene Kilo lobt. Dieses Lob ist es uns wert, noch eine Woche zu hungern. Genauso spornt uns der Bericht dem Therapeuten gegenüber an weiterzumachen.

6. Eine Verbindung zur Realität herstellen. Einen der größten Dienste, den Ihnen ein Seelsorger oder Therapeut erweisen kann, ist es, Sie in die Realität zurückzuholen, nachdem Sie das Geschehene verdrängt haben. Viele von uns möchten gesagt bekommen, dass Schlimmes nur den Bösen widerfährt. Aber das stimmt einfach nicht. Ihr Vater war nicht wirklich der gute Mann, als den ihn Ihre Eltern dargestellt haben. Ihr Sohn ist wirklich drogenabhängig und braucht Hilfe. Sie sind wirklich sexuell missbraucht worden als Kind. Die wichtigste Aufgabe des Therapeuten ist oft, die Illusion des idyllischen Familienglücks zu durchbrechen. Dies ist sehr unangenehm und wird von ihm nicht als Erstes in Angriff genommen. Aber früher oder später muss er Sie dennoch an diesen Punkt führen. Die Wahrheit anzuerkennen ist oft sehr schmerzhaft, aber unvermeidbar, wenn echte Heilung eintreten soll.

7. Den Vergebungsprozess unterstützen. Oft treffen wir auf aufgebrachte Menschen, die von einem Seelsorger oder Pastor gesagt bekommen haben, dass sie vergeben müssen. Sobald sie dies täten, ginge es ihnen sicher besser. Da aber das Opfer den Willen dazu nicht aufbringen konnte, wurde ihm zum Schmerz noch Schuldgefühl auferlegt.

Wir wissen, dass Vergebung ein wesentlicher Schritt zur Heilung ist. Es ist jedoch meist nicht der erste. Unsere Erfahrung ist, dass, wenn das Opfer täglich betet und stückweise Heilung empfängt, auch die Bereitschaft zur aufrichtigen Vergebung wächst. Dieser Schritt ist dann so befreiend, dass sich die Person fragt, warum sie das nicht gleich getan hat. Gottes Zeitplan erweist sich oft als perfekt, und er führt das Opfer in die Vergebung, wenn die Zeit reif dafür ist. Ein Satz aufrichtiger Vergebung ist mehr wert als ein ganzer Absatz leerer Worte.

8. Einen Schlachtplan erstellen. Viele von uns sehen nicht weiter als bis zum nächsten Tag, wenn es uns schlecht geht. Wir brauchen eine objektive Person, die einen Schlachtplan erstellt, damit wir ein Licht am Ende des langen dunklen Tunnels erkennen können. Es müssen nicht bei der ersten Sitzung schon vierzig Schritte zum Erfolg vorliegen, aber wir brauchen die Gewissheit, dass der Therapeut weiß, wo es langgeht. Wenn wir dann bereit sind, wird er uns die Fortschritte zeigen und uns den Weg zur Heilung deuten. Dies funktioniert jedoch nur, wenn wir bereit sind, unsere Hausaufgaben zu machen und nicht nur einmal in der Woche für eine Stunde aufzutauchen.

Erwarten Sie vom Seelsorger oder Therapeuten nicht, dass er oder sie Ihre Lebensprobleme im Handumdrehen löst, und nehmen Sie nicht an, dass er oder sie 24 Stunden am Tag für Sie da ist. Auch Therapeuten haben ein Leben, in dem sie selbst zuweilen eine echte Lösung noch suchen.

Worauf muss ich achten?

Kein Seelsorger oder Therapeut ist vollkommen und keiner hat eine Zauberformel für Ihre Heilung. Sie sollten jedoch in Hab-acht-Stellung gehen, wenn er oder sie:
— zu viel über sich selbst redet,
— sich mehr mit dem eigenen Leben beschäftigt als mit Ihrem,
— besitzergreifend wird,
— immer wissen will, wo Sie hingehen,
— Ihnen den Kontakt zu Familie und Freunden verbietet,
— keine Vorschläge von anderen hören will,
— schimpft, wenn Sie ein Seminar besuchen, das er oder sie nicht empfohlen hat,
— überprüft, welche Bücher Sie lesen,
— Sie zu Taten überredet, die Ihnen nicht geheuer sind,
— auf irgendeine Weise erotische Annäherungen macht,
— Ihren Glauben an Gott herunterspielt,
— Ihnen noch weitere Schuld auflädt,
— sich über Ihre Familie oder Ihre Freunde lustig macht,
— Sie von anderen abzuschirmen versucht,
— nicht über Dinge sprechen will, die im eigenen Leben zu schmerzhaft sind,
— zornig auf Sie wird,
— Sie lächerlich macht,
— schnell beleidigt ist oder
— behauptet, dass eine Besserung erst nach Jahren eintreten wird.

Diese Warnungen stammen aus den Erzählungen von Menschen, die Therapien hinter sich haben, die ihnen eher geschadet als genützt haben. Häufig sind diese Menschen nur aus Angst vor der Reaktion des Therapeuten bei Abbruch der Therapie dabeigeblieben. Dulden Sie keine weitere Misshandlung. Sie müssen zudem wissen, dass ein Therapeut Sie nur so weit führen kann, wie er oder sie selbst gegangen ist. Es kann sein, dass Sie an einen Punkt kommen, wo Sie darüber hinaus müssen.

Was ist mein Anteil?

Ohne die Mitarbeit des Hilfesuchenden kann der beste Therapeut nichts erreichen. Aus eigener Erfahrung und aus Gesprächen mit anderen Seelsorgern sind uns folgende Voraussetzungen aufgefallen, die ein Hilfesuchender erfüllen muss, um einen Erfolg zu erzielen:

1. **Seien Sie ehrlich.** Wenn Sie die Wahrheit verschweigen, behindern Sie einen willigen Helfer. Obgleich der Seelsorger genug Intuition haben kann, Ihr Problem zu erspüren, ist es doch sehr viel einfacher (und billiger), wenn Sie Ihre Karten gleich von Anfang an offen auf den Tisch legen.

2. **Versuchen Sie nicht zu beeindrucken.** Der Seelsorger braucht von Ihnen keine Referenzliste oder Empfehlungsschreiben. Wenn die Person ein Gespür für die Wahrheit hat, wird sie ohnehin bald hinter den Kulissen sehen, wie Sie wirklich sind.

3. **Laden Sie nicht nur Ihren Müll ab.** Obwohl es wichtig ist, die Gefühle herauszulassen, sollten Sie nicht die ganze Zeit reden und nie zuhören. Der Erfolg einer Therapie hängt von der so genannten »Übertragung« ab, das heißt, der Klient überträgt Personen und Probleme seines Lebens auf den Therapeuten. Dies geschieht durch den allmählichen Aufbau einer Vertrauensbeziehung im Miteinander, nicht durch Abladen und anschließendem Davonlaufen.

4. **Handeln Sie verantwortlich.** Eine der häufigsten Klagen von Therapeuten ist, dass Klienten nicht auftauchen, sich nicht melden und die erteilten Aufgaben nicht erfüllen. Teil einer erfolgreichen Therapie ist es, dass der Klient verantwortlich handeln lernt.

5. Öffnen Sie sich. Die Therapie ist nicht dazu da, Ihre Meinung zu bestätigen, jemand anderen für schuldig zu erklären oder der Realität zu entfliehen. Wenn Sie auf die Weisheit des Therapeuten nicht hören wollen, suchen Sie sich einen parteiischen Freund, das ist billiger. Ein positives Ergebnis wird nur durch Offenheit erzielt, nicht durch Schuldzuweisungen.

6. Provozieren Sie nicht weitere Ablehnung. Manche Menschen kommen zur Therapie, als hätten Sie das Leben eines neuen Freundes gekauft, um Liebe zu ergattern. Wir kennen eine Frau, die den Therapeuten mit Karten, Geschenken und Blumen überhäuft und dann gekränkt ist, wenn dieser sich zurückzuziehen beginnt. Wenn Sie den Therapeuten aufgrund Ihrer eigenen Bedürfnisse mit Aufmerksamkeit erdrücken, ist Ablehnung vorprogrammiert.

7. Ersetzen Sie nicht Gott durch den Therapeuten. Ganz gleich, wie weise dieser Mensch ist, er ist nicht Gott. Wenn Sie allen von dieser Person vorschwärmen und sie auf einen Sockel stellen, wird sie eines Tages herunterfallen, und Sie werden am Boden zerstört sein.

8. Phantasieren Sie nicht. Nach einer Erhebung des Psychologen Kenneth Pope fühlen sich 87 Prozent der Psychologen zeitweise von ihren Patienten sexuell angezogen. Wenn dies auch nur annähernd stimmt, müssen wir alles vermeiden, was den Therapeuten aufreizen könnte. Romantische oder erotische Phantasien mit der Person sind immer gefährlich, weil unsere Worte und unser Aussehen sie verraten.

9. Vertrauen Sie auf Ihre Intuition. Wenn Ihnen der Fortgang der Therapie oder Seelsorge komisch vorkommt, beten Sie darüber und prüfen Sie, ob sich dieses Gefühl bestätigt. Es gibt viele Menschen, die in einer ungesunden Situation geblieben sind, weil sie den Therapeuten nicht verletzen wollten. Ihr Gefühl ist meistens richtig. Handeln Sie danach.

10. Geben Sie nicht zu schnell auf. Eines der frustrierendsten Erlebnisse ist, wenn ein Hilfesuchender kurz vor dem Erreichen der Wurzel aufgibt. Insbesondere Männer neigen dazu aufzugeben, sobald der Therapeut ihnen sagen will, was sie ändern müssen. Sie scheinen zu denken: »Solange es an ihr liegt, komme ich mit. Aber schwatze nicht mir was auf.« Arbeiten Sie an der Situation bis Sie und Ihr Therapeut meinen, es reicht.

Vergessen Sie nicht: Der Therapeut kann und will Sie führen, doch die Schritte zur Heilung müssen Sie schon selbst tun.

Heilung ist ein Prozess.
Psychologen können analysieren.
Seelsorger können führen.
Pastoren können beten.
Die Familie kann unterstützen.
Freunde können mitfühlen.
Nur Jesus kann wirklich heilen.

13

Wo bleibt die Hoffnung?

Menschen, die seit Jahren mit den Folgen von sexuellem Kindesmissbrauch zu kämpfen hatten, haben oft aufgegeben. Ihre
Depression hat sie übermannt. Die furchtbaren Alpträume haben
sie erschöpft zurückgelassen. Ihr Jähzorn führt schließlich sogar
zur Selbstverachtung. Sie sind so ängstlich geworden, dass sie das
Haus gar nicht mehr verlassen wollen. Sie sind sich sicher, dass
Gott sie nie annehmen kann, weil sie zu unwürdig oder zu
beschmutzt seien. Sie meinen, keiner könne sie lieb haben. Meist
wissen die Betreffenden nicht einmal, warum sie sich so abmühen.
Häufig erzählen sie uns, dass sie schon jahrelange Therapien hinter sich haben, die nichts weiter gebracht haben, außer einem leeren Geldbeutel. Sie haben jegliche Hoffnung verloren.

Gibt es denn überhaupt noch Hoffnung? Ohne zu zögern ant-
worten wir: »*Ja,* es gibt Hoffnung!« Es gibt nicht nur Hoffnung, es
gibt auch Heilung – vollkommene Heilung und Wiederherstellung.
Mit Gott ist alles möglich. Wir beschließen dieses Buch mit einem
Brief von Arlene Hardwick aus Auckland in Neuseeland, die nur ein
Beispiel für die vielen Menschen ist, die geheilt worden sind.

Arlene hatte alle Hoffnung aufgegeben. Und doch suchte sie
immer weiter. Vielleicht hatte irgendwer, irgendwo doch einen
Ratschlag, an dem sie sich festhalten konnte. So besuchte sie auch
unser Seminar über innere Heilung in Auckland. Mit ihren eigenen
Worten wird die Geschichte am treffendsten geschildert:

»Solange ich denken kann, wollte ich immer ein Junge sein. Als
Kind fühlte ich mich ungeliebt, obwohl ich ein Wunschkind war.

Ich war einsam und konnte mit Menschen nicht umgehen. Gleichzeitig war ich der Überzeugung, dass ich eine glückliche Kindheit hatte — sie war die einzige, die ich kannte. Natürlich gab es große Lücken in meiner Erinnerung.

Als Jugendliche wurde das Leben noch schwieriger. Ich stellte fest, dass keiner mich beachtete. Ich begann, mich nach Liebe und Aufmerksamkeit zu sehnen, doch aus irgendeinem Grund bekam ich sie nicht. Mein Leben wurde noch einsamer, und ich fühlte mich fehl am Platz. Daraufhin vergrub ich meine Gefühle und begann, nur noch zu existieren. Ich lenkte dann meine ganze Aufmerksamkeit auf Hunde, vor denen ich als Kind immer Angst gehabt hatte. Ich fühlte mich stark von Mädchen angezogen, die etwas älter waren als ich, doch das spielte sich alles nur in meinen Gedanken und Gefühlen ab. Die Folgen davon waren große Verwirrung und Herzschmerz.

Seit meinem dreizehnten oder vierzehnten Lebensjahr litt ich an Essstörungen. Ich nahm mir zwar ein Pausenbrot mit in die Schule, aß es aber nie. Auch zu Hause stocherte ich nur im Essen herum. Erst Jahre später erfuhr ich, dass ich eine Magersucht entwickelt hatte. Zu einem Zeitpunkt wog ich mit meinen 1,57 Meter nur 45 Kilogramm. Jahrelang ging es so weiter, ohne dass mir jemand geholfen hätte. Über drei Jahre hinweg setzten bestimmte Körperfunktionen aus, bis meine Gesundheit zusammenbrach.

Weil ich mich nicht zu meiner Familie gehörig fühlte, zog ich früh aus und machte mich auf die Suche nach einer anderen Familie, der ich angehören könnte. Dieses Unterfangen brachte mir viel Enttäuschung ein, da ich mich sowieso schon abgelehnt fühlte und die perfekte Familie, die mich akzeptieren und lieben konnte, nicht fand. Nach einigen Jahren kehrte ich in einem noch schlimmeren Zustand wieder nach Hause zurück.

Emotional war ich mit 21 schon ein Wrack. Eine Frau, bei der ich gerade wohnte, als ich wieder einmal ausgezogen war, um eine

Familie zu suchen, brachte mich in eine Psychiatrie. Sie brachte mich hin und ließ mich dort allein. Vier Monate war ich dort und wurde als schizophren diagnostiziert.

Männerbeziehungen gestalteten sich immer sehr schwierig für mich, doch ich war verzweifelt. Ich traf meinen zukünftigen Mann, der mich hinten auf seinem Motorrad jede Woche 70 Kilometer zum Psychiater fuhr. Unsere Beziehung ging aufgrund von Gefühlen der Ablehnung zu Bruch. Ich bekam daraufhin Kontakt zu einer spiritistischen Kirche. Ich lebte mit einem Medium und ihrer Familie zusammen und machte dort alles mit.

Von dort rutschte ich in die Lesbenszene, wurde aber zum Glück nie physisch involviert. Emotional war ich jedoch abhängig. Erneut brach in mir alles zusammen, und ich landete wieder bei meinem Freund. Wir beschlossen zu heiraten und taten dies in der spiritistischen Kirche. Sechs Monate später standen wir kurz vor der Scheidung. Ein christliches Ehepaar wurde uns über den Weg gesandt, und wir übergaben Jesus unser Leben.

Viele Jahre führten wir eine sehr, sehr schwierige Ehe. Zeitweise war sie mit emotionalem und sexuellem Missbrauch fast unerträglich. Jahrelang verbrachte ich die Zeit allein im Bett zu Hause, unfähig, das Leben zu meistern.

Angesichts unserer Eheprobleme sowie meines emotionalen, physischen und geistigen Zustandes, begann ich überall nach Hilfe zu suchen. Ich las jedes christliche Buch über Heilung, Befreiung und innere Heilung, das mir in die Hände fiel. Ich hörte mir stundenlang Predigtkassetten an. Ich wurde auf Heilungs- und Freisetzungsveranstaltungen mitgenommen. Ich versuchte es mit der Urschrei-Therapie. Wir gingen zur Ehe-Beratung. Pastoren sagten uns, wir würden es nicht schaffen, weil unsere Situation so verfahren war. Wir gingen zu jedem Seelsorgeseminar im ganzen Land. In all den Seelsorgegesprächen und Gebeten fanden wir immer etwas Erleichterung. Wir dachten, wir wären geheilt, doch dauerte es nie lange, bis es wieder schwierig wurde.

Nach 15 Jahren Ehe und Christsein entdeckten wir, dass ich als Kind sexuell missbraucht worden war. Nun wussten wir wenigstens, womit wir es zu tun hatten, und die Suche fing von vorn an. Ich nahm an Gesprächsgruppen und Seelsorge teil, las Bücher und hörte Kassetten zu dem Thema. Es wurde auch etwas besser, aber irgendwann schien ich nicht mehr weiterzukommen.

Freunde erzählten uns von Eurem Seminar über innere Heilung, das hier in Auckland stattfinden sollte. Die Broschüre sprach uns sehr an, weil die angeführten Themen genau meine Problematik berührten: Erinnerungslücken, Liebesmangel, Gesundheitsprobleme, Missbrauch. Es schien genau auf uns zugeschnitten zu sein, denn auch mein Mann hatte inzwischen in seiner Vergangenheit sexuellen Missbrauch identifiziert.

In Vorbereitung auf das Seminar lasen wir die beiden Bücher *Freeing Your Mind from Memories that Bind* (»Befreiung von Erinnerungen, die uns binden«) und *The Promise of Restoration* (»Die Verheißung der Wiederherstellung«). Der Herr deckte uns beiden dabei Dinge aus der Kindheit auf, die wir schon längst vergessen bzw. verdrängt hatten. Die Dinge begannen sich zu ordnen: uns wurde klar, warum unser Eheleben und unsere Familienverhältnisse so gestört waren, warum meine Gesundheit in einem so katastrophalen Zustand war. Ich begann, in der Gegenwart des Herrn starke innere Schmerzen zu verspüren. In der Therapie hatte ich gelernt, wie wichtig es ist, die Gefühle festzuhalten, also schrieb ich sie auf. Schmerz und Zorn wurden aus den Tiefen meiner Seele geweckt. Ich begann während der Lektüre, Hoffnung zu schöpfen, da hier jemand scheinbar die Antworten hatte, nach denen wir so lang gesucht hatten. Der Herr war auf unserem Weg sehr gnädig mit uns gewesen. Wir waren gewachsen und hatten an vielen Stellen Befreiung erfahren. Er gab uns wunderbare christliche Freunde, die uns mit allen Kräften unterstützten. Und doch waren die Wurzeln unserer Probleme noch nicht beseitigt.

218

Auf dem Weg zum Seminar waren wir beide ganz aufgeregt, einerseits in der Hoffnung auf die lang ersehnte Antwort, andererseits auch in der Angst, Anregungen zu bekommen, um dann doch wieder allein weiterkämpfen zu müssen. Wir fürchteten uns auch etwas vor dem, was der Herr uns aus unserer Vergangenheit zeigen würde.

Zusammen sprachen mein Mann und ich einen der Seelsorger an. Wir redeten erst eine Stunde miteinander, dann war ich bereit. Wir beteten und baten Jesus, mir die ganze Wahrheit zu zeigen. Sobald ich die Augen schloss, sah ich eine Szene vor mir. Zunächst stand ich als dreijähriges Mädchen nur verwirrt und verängstigt vor einem Raum, vor dem ich mich als Kind immer gefürchtet hatte. Diese Erinnerung war mir bei einem der Fragebögen gekommen, die wir zuvor ausgefüllt hatten. Meine Eltern waren nicht da; meine Großmutter war bei mir. Als ich in den Raum eintrat, sah ich einen Mann, einen guten Freund der Familie, den ich Onkel nannte. Omi sprach mit ihm, und er lachte. Ich stand abseits und schaute zu, wie er seine Hose herunterzog und ins Bett stieg. Dann rief er mich zu sich ins Bett. Ich wollte nicht, und so nahm Omi mich und nötigte mich, es zu tun. Sie zog mir meine Hosen und meine Schuhe aus und befahl mir, aufs Bett zu klettern und mich hinzulegen.«

Arlene beschrieb das ganze Geschehen und schrieb weiter: »Der Seelsorger bat mich, in die Erinnerung zurückzugehen und mich aufs Bett zu legen. Dann sah ich Jesus an der Tür stehen; Er kam zu mir herüber. Ich wollte ihn zuerst nicht, weil ich Angst hatte und mich schrecklich fühlte. Er nahm mich in Seine Arme und hielt mich fest. Ich sah Tränen seine Wangen herunterkullern. Er liebte mich. Er nahm mich mit raus in die Sonne, setzte mich aufs grüne Gras und sah zu, wie ich spielte. Er schaute mich an und lächelte die ganze Zeit.

Danach war ich völlig erschöpft. Ich wusste, dass etwas sehr Reales mit mir geschehen war. Ich hatte es wirklich erlebt.

Ich glaube, dass die verdrängten Erinnerungen und Verletzungen der Grund für all meine Probleme waren. Ich weiß, dass jetzt ein Wiederherstellungsprozess begonnen hat, und dass der Herr mich vollkommen heilen wird, weil er es mir versprochen hat. Er hat gesagt, dass er sein Werk in mir vollenden und mich aus der Finsternis ins Licht führen wird.

Obwohl mein Leben sehr schwer gewesen ist, bin ich dem Herrn dankbar für Seine Treue und Seine Liebe zu mir. Ich bin dankbar, dass ich mich nicht auf meine eigene Weisheit verlassen muss, weil Seine Weisheit allumfassend ist. Er kannte mich, bevor ich geboren wurde, und Seine Pläne für mein Leben sind gut. Alles, was geschehen ist und geschehen wird, wird Er zum Besten für mich wenden. Danke, Vater!

P.S. In den letzten zwei Monaten ist es mir zum ersten Mal seit zwölf Jahren gelungen, die ganze Hausarbeit, das Einkaufen und das Kochen allein zu meistern. Seitdem ich die Bücher gelesen habe und meine Gebete aufschreibe, schaffe ich es, jeden Morgen um fünf Uhr aufzustehen, um Zeit mit dem Herrn zu verbringen und Kraft für den Rest des Tages zu schöpfen. Preis den Herrn, es ist ein wahres Wunder.«

Anmerkungen

Teil I

[1] Die Komponenten dieser Tabelle sind folgenden Quellen entnommen: Lawrence J. Crabb Jr. *Basic Principles of Biblical Counseling: The Training Manuel.* Winona Lake: Institute of Biblical Counseling, 1978; Gary Smalley and John Trent. *The Two Sides of Love.* Colorado Springs: Focus on the Family, 1990, 34-36; Carlson Learning Company; Anthony Alessandra and Jim Cathcart. *Relationship Strategies.* Austin: Nightingale-Conant, 1990; Susan Fletcher. »How Do They Manage?« (Merill-Reid Society Styles) in *American Way Magazine,* Oktober 1982, 192-194; Edward de Bone. »Creative Thinking« in *Voices,* Juli 1992, 14.

[2] Oswald Chambers. *Mein Äußerstes für Sein Höchstes.* Wuppertal: Blaukreuz; Neuhausen: Hänssler, 1998, 12. Januar.

Teil II

[1] Alan Chittenden. Zitat aus der *Brisbane Sun* vom 27.02.1991.

[2] Jerome Kagans Arbeit an der Universität Harvard wird von Daniel Q. Haney, wissenschaftlicher Autor, im *San Marco (California) Blade-Citizen* vom 16.03.1991 beschrieben.

[3] Dr. T. Berry Brazleton. Zitat aus der *Dallas Morning News* vom 08.03.1992.

[4] Nach Dr. Stanley Turecki, Leiter des Projektes »Schwierige Kinder« des Beth-Israel-Krankenhauses und Autor des Buches *Das schwierige Kind.* Siehe Artikel in *USA Today* vom 11.12.1985.

[5] Dr. Albert Stunkard. Bericht ursprünglich im *New England Journal of Medicine* veröffentlicht. Zitat aus *USA Today* vom 23.01.1986.

[6] Bericht einer Studie von Alexander Thomas, Stella Chess und Herbert Birch im *Ladies' Home Journal* vom September 1992.

[7] Jerre Levy, Professorin für Psychologie an der Universität Chicago. Zitat aus der *Time* vom 20.01.1992.

[8] Studien des National Institute of Mental Health in Bethesda, Maryland. Zitat aus der *Chicago Tribune* vom 15.11.1990.

Teil III

[1] Oswald Chambers. *Mein Äußerstes für Sein Höchstes.* Wuppertal: Blaukreuz; Neuhausen: Hänssler, 1998, 21. Oktober.

[2] Siehe dito, 9. September.

[3] Dr. Doyle Carson. Zitat aus »Mind Games and High Stakes«, einem Werbeteil im *Texas Monthly* vom Juni 1992.

[4] Fred Littauer. *The Promise of Healing*. Nashville: Thomas Nelson, 1994, Kapitel 9.
[5] dito., 144-153.
[6] Oswald Chambers. *Mein Äußerstes für Sein Höchstes*. Wuppertal: Blaukreuz; Neuhausen: Hänssler, 1998, 19. April.

Teil IV

[1] Oswald Chambers, *Mein Äußerstes für Sein Höchstes*. Wuppertal: Blaukreuz; Neuhausen: Hänssler, 1998, 30. Dezember.
[2] dito., 23. Oktober.
[3] Johnson, Catherine. *When to Say Good-bye to Your Therapist*. New York: Simon and Schuster, 1988, 9.
[4] Dieser Punkt ist für den deutschen Kontext angepasst worden (Anm. d. Übs.).

Literaturhinweise

Deutsche Titel

Baar, Hanne. *Die Namen meiner Feinde*. Rottendorf: Hymnus, 1994.
Backus, William und Chapian, Marie. *Befreiende Wahrheit Teil I*. Wiesbaden: Projektion J.
Backus, William. *Befreiende Wahrheit Teil II. Vom aufrichtigen Umgang miteinander*. Wiesbaden: Projektion J, 1993.
Burns, David. *Fühl' dich gut. Angstfrei mit Depression umgehen*. Trier: Treves, 1994.
Chambers, Oswald. *Mein Äußerstes für sein Höchstes*. Neuauflage. Wuppertal: Blaukreuz; Neuhausen: Hänssler, 1998.
Cousins, Norman. *Der Arzt in uns selbst. Wie Sie Ihre Selbstheilungskräfte aktivieren können*. Reinbek: Rowohlt, 1996.
Grün, Anselm. *Einreden. Der Umgang mit den Gedanken*. Münsterschwarzach: Vier-Türme, 1983.
Heavilin, Marilyn W. *Rosen im Dezember. Wenn geliebte Menschen von uns gehen*. Marburg: Francke, 1989.
Heavilin, Marilyn W. *Wenn Träume sterben. Loslassen, neu anfangen, wieder leben*. Marburg: Francke, 1989.
Hemfelt, Dr. Robert; Minirth, Dr. Frank; Meier, Dr. Paul. *Mut zur Liebe. Lernen Sie, sich von falschen Abhängigkeiten zu lösen, und beginnen Sie ein Leben frei von Zwängen*. Asslar: Schulte & Gerth, 1997 (Hierzu gibt es im Englischen ein Arbeitsbuch mit dem Titel *Love is a Choice Workbook*, s. u.).

Littauer, Florence. *Einfach Typisch! Die vier Temperamente unter der Lupe.* Asslar: Schulte & Gerth, 1994.

Minirth, Dr. Frank; Meier, Dr. Paul; Hemfelt, Dr. Robert und Sneed, Dr. Sharon. *Liebeshunger. Heilung von Esssucht. Zehnstufenplan für Geist, Leib und Seele.* Asslar: Schulte & Gerth, 1997.

Missildine, Hugh. *In dir lebt das Kind, das du warst. Vorschläge zur Bewältigung des Alltags.* Stuttgart: Klett-Cotta, 1990.

Moyers, Bill. *Die Kunst des Heilens. Einfluss der Psyche auf die Gesundheit.* München: Goldmann, 1996.

Nouwen, Henri. *Nähe. Sehnsucht nach lebendiger Beziehung.* Freiburg: Herder, 1992.

Nouwen, Henri. *Die innere Stimme der Liebe. Aus der Tiefe der Angst zu neuem Vertrauen.* Freiburg: Herder, 1997.

Riemann, Fritz. *Grundformen der Angst. Eine tiefenpsychologische Studie.* München; Basel: E. Reinhardt, 1986.

Ruthe, Reinhold. *Typen und Temperamente. Die vier Persönlichkeitsstrukturen.* Moers: Brendow Verlag, 1998.

Sandford, John und Paula. *Umgestaltung des inneren Menschen. Das umfangreichste Buch über innere Heilung.* Solingen: G. Bernard, 1991.

Sandford, John. *Heilung des verwundeten Geistes. Fortsetzung von Umgestaltung des inneren Menschen.* Solingen: G. Bernard, 1992.

Scharrer, Erwin. *Jesus im Gespräch. Therapie und Seelsorge in den Dialogreden Jesu.* Wuppertal: Brockhaus.

Sneed, Dr. Sharon. *Mitten in den besten Jahren. Ernährung, Fitness, Persönlichkeitsentfaltung. Ein Ratgeber für Frauen ab 35.* Asslar: Schulte & Gerth, 1993.

Stoop, Dr. David. *Der Perfektionist in mir. Mut zu einem zufriedenen Leben.* Marburg: Francke, 1993.

Tournier, Paul. *Echte und falsche Schuldgefühle. Vom schlechten Gewissen zur inneren Freiheit.* Bern: Humata.

Tournier, Paul. *Geborgenheit – Sehnsucht des Menschen. Aus der Entfremdung zu neuer Zugehörigkeit.* Bern: Humata.

Turecki, Stanley. *Das schwierige Kind (Neue Wege, neue Chancen).* München: Droemersche Verlagsanstalt, 1995.

Zois, Christ und Fogarty, Patricia. *Wenn die Seele schlapp macht. Selbsthilfe mit Methoden der Kurzzeittherapie.* München: Kabel, 1994.

Englische Titel

Carter, Dr. Les. *Imperative People.* Nashville: Thomas Nelson, 1991.

Carter, Dr. Les, and Dr. Frank Minirth. *The Anger Workbook.* Nashville: Thomas Nelson, 1993.

Congo, Janet, Julie Mask, and Jan Meier. *The Woman Within.* Nashville: Thomas Nelson, 1991.

Friesen Ph.D., James G. *More Than Survivors.* Nashville: Thomas Nelson.

Friesen Ph.D., James G. *Uncovering the Mystery of MPD.* Nashville: Thomas Nelson.

223

Hemfelt, Dr. Robert, Dr. Frank Minirth, Dr. Paul Meier, Dr. Deborah Newman, and Dr. Brian Newman. *Love is a Choice Workbook*. Nashville: Thomas Nelson, 1991.

Johnson, Catherine. *When to Say Good-bye to Your Therapist*. New York: Simon and Schuster, 1988.

Littauer, Florence. *After Every Wedding Comes a Marriage*. Eugene, Oreg.: Harvest House, 1981.

Littauer, Florence. *Your Personality Tree*. Dallas: Word, 1986.

Littauer, Florence and Marita Littauer. *Personality Puzzle: Understanding the People You Work With*. Old Tappan, N.J.: Revell, 1992.

Littauer, Florence and Fred. *Freeing Your Mind from Memories that Bind*. San Bernardino, Calif.: Here's Life, 1989.

Littauer, Fred. *The Promise of Healing*. Nashville: Thomas Nelson, 1994.

McClure, Cynthia Rowland. *Food for the Hungry Heart*. Nashville: Thomas Nelson, 1991.

Minirth, Dr. Frank, Dr. Paul Meier, Dr. Robert Hemfelt and Dr. Sharon Sneed. *Love Hunger Weight-Loss Workbook*. Nashville: Thomas Nelson, 1991.

Newmann, Dr. Brian, Ted Scheuermann, Larry Stephens and Bob Dyer. *The Man Within: Daily Devotions for Men in Recovery*. Nashville: Thomas Nelson, 1991.

O'Connor, Karen. *When Spending Takes the Place of Feeling*. Nashville: Thomas Nelson, 1992.

Remuda Ranch. *Beyond the Looking Glass: Daily Devotions for Overcoming Anorexia and Bulimia*. Nashville: Thomas Nelson, 1992.

Samaritan Counseling Center. *A New Beginning: Daily Devotions for Women Survivors of Sexual Abuse*. Nashville: Thomas Nelson, 1992.

Smalley, Gary and John Trent. *The Two Sides of Love: What Strengthens Affection, Closeness and Lasting Commitment?* Colorado Springs: Focus on the Family, 1992.

Vredevelt, Pam, Dr. Deborah Newman, Harry Beverly and Dr. Frank Minirth. *The Thin Disguise*. Nashville: Thomas Nelson, 1992.